근초고왕을
고백하다

근초고왕을
고백하다

초판 1쇄 펴낸 날 2011. 4. 20

지은이 이희진
발행인 홍정우
편집인 이민영
디자인 문인순
발행처 도서출판 가람기획
등록 제17-241(2007. 3. 17)
주소 (121-841)서울시 마포구 서교동 465-11 동진빌딩 3층
전화 (02)3275-2915~7
팩스 (02)3275-2918
이메일 garam815@chol.com

ⓒ 이희진, 2011
ISBN 978-89-8435-305-3(03910)

근초고왕을 고백하다

백제를 이끌어간 지도자들의 재발견 1

이희진 지음

gr

도서출판 가람기획

역사는 혼자 만들어 나아가는 것이 아니다. 하지만 역사가 이루어지는 과정에서는 대개 결정적인 역할을 하는 사람들이 나타나게 마련이다. 대체로 사회를 이끌어 나아가는 지도자라고 하는 사람들이 결정적인 역할을 하기 쉽다. 권력을 나누어 집행하는 경향이 뚜렷한 민주주의 사회에서도 그럴진대, 권위주의로 지배했던 고대사회에서는 지도자의 비중이 더 크지 않을 수 없다.

역사에 있어서 인물의 역할을 얼마나 중요하게 치는지에 대해서는 논란이 많다. 그 예로 '클레오파트라의 코가 한 치만 더 높았어도 세계 역사가 달라졌을 것이다' 라는 말이 있다. 이 말에 어떤 사람은 '세계 역사가 달라지기 전에 그 여자 얼굴이 먼저 달라졌을 것이다' 라는 비아냥으로 받아치기도 한다.

역사에 있어 한 개인의 역할을 중요하게 여기느냐, 아니면 그 시대에 작용했던 여러 요소들을 더 중요하게 여기느냐의 차이일 것이다. 전자의 경우에는 지도자의 선택이 결정적이었다고 보는 반면, 후자는 누가 그 자리에 있었어도 비슷한 선택을 할 수밖에 없었을 것이라고 여기는 성향이 강하다. 이 차이가 역사를 보는 시각에도 큰 영향을 준다.

이런 논란에서 많은 역사학자들이 한 개인의 역할보다는 그 시대의 여러 요소들이 만들어낸 구조를 더 중요하게 여긴다. 일리 있는 선택이다. 하지만 그렇다고 해서 지도자 개인의 선택을 무시해도 좋다고까지 여길 필요는 없을 것 같다.

비슷한 상황에서도 지도자의 선택에 따라 역사의 흐름이 달라지는 경우는 얼마든지 있다. 현재의 사회에서도 흔히 볼 수 있는 현상이다. 그러니 지도자들의 성향 및 선택을 당시 역사와 연결시켜 보는 것도 의미가 없지는 않을 것이다.

이 책에서는 그 사례로 백제에 있어서 두 번의 전성기를 이끌어온 왕들을 골라보았다. 백제의 최전성기를 이끌었다고 일컬어지는 근초고왕과 중흥기를 이끈 성왕이다. 한국 고대사에 있어서 백제라는 나라의 비중과 그런 나라의 전성기와 중흥기를 이끌었던 왕치고는 두 왕의 업적이 그리 잘 알려져 있는 편이 아니다.

좀 더 적나라하게 말하자면 업적이 알려져 있지 않은 정도가 아니라,

아예 인정받지 못하는 정도라고까지 할 수 있다. 근초고왕 같은 경우 이러한 경향이 최근 방영되고 있는 드라마에까지 반영되고 있는 것 같다. 그렇지 않아도 업적을 인정받지 못하고 있는데, 드라마에서는 백제에서 간신히 정권을 잡아 나라꼴이나 갖추어 놓은 왕 정도로밖에 묘사되지 않고 있다. 그나마 근초고왕은 이 정도라도 조명해보려는 움직임이 있는 반면, 성왕에 대해서는 본격적으로 다루어볼 컨텐츠도 별로 없다.

그러니 이들에 대해 한 번쯤 알아볼 필요가 있는 것 같다. 이 책은 원래 몇 년 전에 출간되었다가 절판되었던 책의 내용을 재편집한 부분이 많다. 즉 이 책은 그때 나왔던 책들의 업그레이드판인 셈이다.

10년가량의 시간이 지난 시점에서 새삼스럽게 업그레이드판을 낼 생각을 하게 된 데에는 그만큼 첫 판에 대한 아쉬움이 있었기 때문이라 할 수 있다. 그 책을 낼 때만 해도 대중서로서는 첫 작품이었다. 그러다보니 경험이 적었고 그만큼 부족한 부분이 많았다. 그 아쉬움을 떨쳐버리기 어려웠던 차에 마침 재출간 요청을 받게 되었다. 이 기회를 활용하여 첫 번째 책에서 다 하지 못한 이야기들을 한정된 지면에서나마 보강하고 싶었다.

그렇지만 시류라는 것이 필자의 마음대로만 되어주지 않았다. 시기마다 달라지는 사람들의 관심사를 의식하지 않을 수 없는 출판계의 사정 때문에 전혀 다른 방향으로 보완을 하다 보니 원래의 책과는 내용이 많이 달라지게 되었다. 업그레이드판이라고 해야 할지, 전혀 다른 책이라고 해야 할지는 독자들의 판단에 맡기기로 한다.

2011년 4월
이희진

차례

제2장 성왕의 시대

제1장

근초고왕의 시대

1. 근초고왕 이전의 한반도 남부 상황

근초고왕이 활약했던 격변의 4세기 그리고 기록의 혼란

근초고왕은 백제의 전성기를 이끈 왕으로 꼽힌다. 단순히 한 나라의 전성기를 이끌었다는 점에서만 평가를 받는 것이 아니다. 근초고왕이 활약했던 4세기는 한국이나 일본 양국의 고대사에 있어서 특별한 의미를 가진다. 한국고대사에 있어서 3세기 이전은 고구려 · 백제 · 신라 같은 나라들이 내적인 기반을 다져 나아가는 시기였다. 따라서 각 나라마다 자체

세력권의 정비가 우선이었고, 다른 세력과의 관계도 크게 복잡하지는 않았다. 그러나 4세기 이후가 되면 한반도 주변의 국제관계가 복잡해진다.

웬만큼 국가체제를 정비한 4세기 이후에는 기반을 유지하기 위해서라도 잠재적인 위협이 될 주변의 나라들을 어떤 식으로든 정리해야 하기 때문이다. 덕분에 4세기 중엽 이래로는 어떤 나라이건 더 이상 고립적인 존재로 남아 있을 수 없게 되었다.

4세기 즈음부터 사건이 일어난 연대가 비교적 정확해지는 이유도 여기에 있다. 혼자서 사건을 기록하는 거야 아무렇게나 해도 맞는지 틀리는지 검증해내기가 곤란하지만 상대가 있다면 사정이 다르다. 다른 기록이 있으면 일단 비교가 가능해지고 양쪽에서 일어난 사건들과 연관을 가지게 된다. 그래서 함부로 사건이 일어난 시기를 조작하기는 어려워지는 것이며, 조작을 하더라도 금방 들통이 난다.

대표적인 경우가 《일본서기》의 연대 조작이다. 6세기 이전 《일본서기》의 내용은 120년 정도 앞으로 당겨져서 기록되어 있다. 다른 나라와 아무 관계를 갖지 않았다면 이를 알아낼 방법이 없었겠지만, 백제와 밀접한 관계를 가지면서 백제에 대한 기록이 삽입되지 않을 수 없었다. 이것이 단서가 되었다.

내막은 이렇다. 《일본서기》에 기록된 백제왕들의 사망연도와 《삼국사기》에 기록된 같은 백제왕들의 사망연도는 120년이라는 차이가 나타난다. 둘 중의 하나가 잘못되었음은 분명하다. 당연한 귀결이지만, 《일본서기》가 조작되었다는 사실이 드러났다. 이에 따라 《삼국사기》를 기준으로 《일본서기》의 연대를 조정하게 된 것이다.

이와 같이 사건이 일어난 연대는 비교적 정확하게 밝혀지는 편이지만, 그렇다고 해서 온갖 사실이 명확해졌던 것은 아니다. 오히려 고대한일관계사에 관한 모든 논쟁의 근원이 4세기에서 시작된다고 할 만큼 4세기는 시대상황에 대해 논란이 많은 시기이다.

일본고대사에 있어서는 4세기 자체가 '수수께끼의 시대'라고 불리울 정도이다. 앞뒤의 시대에 비하여 4세기의 시대상은 물론 각 나라의 국제적 위상조차 가늠해보기 어렵기 때문이다.

복잡해진 국제관계의 양상에 대한 해석이 엇갈리는 것도 당연하다. 한쪽 축인 백제와 왜의 위상이 분명하지 않기 때문에 다른 세력과의 관계에 대해 감을 잡기가 어려워지는 것이다.

4세기라는 한 시대를 이해하기가 이렇게까지 어려웠던 이유는 무엇보다도 기록이 제대로 남아 있지 않기 때문이다. 본문에 들어오기 전에 언급했던 기록의 문제가 가장 심각하게 작용하고 있는 시대가 바로 4세기이다.

《삼국사기》에는 심하다 싶을 정도로 중요한 내용이 많이 빠져 있다. 《일본서기》의 내용은 읽다가 실소가 나올 만큼 황당하다. 이런 기록들 사이에서 당시 역사적 사실을 복원한다는 것이 쉬운 일은 아니다. 다행히 양쪽에 기록이 남아 있기 때문에 전체적인 윤곽을 맞추어볼 수 있는 퍼즐 조각은 웬만큼 존재하고 있다.

남겨진 문제는 이 퍼즐 조각을 어떻게 맞추느냐는 것이다. 또한 군데군데 빠져 있는 조각도 상당하기 때문에 부분적인 그림, 즉 한 나라의 역사만 단선적으로 살펴보아서는 이 시대를 이해하기에 많은 어려움이 있다. 따라서 빠진 조각의 윤곽이라도 이해하려면 전체적인 그림부터 살펴볼 수밖에 없다.

분쟁의 핵, 신라와 왜(倭)

4세기의 국제관계를 복잡하게 만든 원인은 신라와 왜의 분쟁에서부터 생겨났다고 해도 지나친 말이 아니다. 3세기 전반부터 본격화된 신라의 팽창에서부터 느껴왔을 왜의 염려는 곧바로 현실로 나타났다. 신라가 패권을 잡고 난 뒤 철저하게 냉대를 당했던 것이다. 이러한 냉대가 교역에 대한 타격으로 나타났다. 4세기대에 이르면 중국으로부터 수입된 유물의 발견이 드물어질 정도로 왜가 받는 타격은 심각했다.

혹자에게는 교역의 규모나 경제적인 이익이 요즘과 비교할 수도 없을 만큼 적은 당시의 상황에서 교역로에 사활적인 이익이 걸려 있다는 점이 의문스러울지도 모르겠다. 당시의 교역품이라는 것이 기껏해야 장신구 같은 사치품이 주종이었다는 점도 의문을 키우는 이유가 될 것이다.

현재의 시각에서만 보면 일리가 있는 의혹일 수 있다. 문제는 당시의 상황에서는 그렇게 간단하게 치부해버릴 수 없다는 것이다. 지금의 시각에서 보면 당시의 교역품이 실용성도 없어 보이는 사치품에 불과하겠지만, 그때는 원시적인 사회가 점차 국가의 체제를 갖추어 가던 시기라는 점을 감안해야 한다.

구심점이 될 지배 집단 내지는 인물이 대두되게 마련이고, 이들은 자신들을 남들과 다르게 표시하고 싶어 했다. 당시의 장신구는 남들에게 예쁘게 보아달라고 달고 다니는 게 아니었다는 뜻이다.

여러 가지로 발달되었다고 하는 현대 사회에서도 이러한 성향이 남아 있다. 좀 고급스럽다는 클럽 같은 데에서는 외제차에 웬만큼 갖춘 복장이 아니면 출입조차 허용되지 않는다. 유명 브랜드가 박힌 복장에, 비싼 장신구 없이 남루한 옷차림을 해가지고서는 고급스러운 집단에는 끼어보지도 못하는 것이다.

사람의 심리가 그런 것이다 보니 당시의 지배자들도 이런 장신구를 통하여 권위를 세우려 하였다. 그러다 보면 고급 장신구를 찾게 마련이다.

자연스럽게 최고급 문명의 중심부, 중국의 장신구에 대한 수요가 생길 수밖에 없었다. 이를 얻지 못하는 지배집단은 주변에서 대우를 받지 못했다.

사치품에 불과한 교역품 자체도 이와 같이 나름대로의 가치를 가지고 있었지만, 교역의 중요성은 여기서 그치는 것이 아니었다. 교역이 단순히 물적 자원의 교류만 의미하는 것이 아니기 때문이다.

당시에는 교역품 자체도 중요했지만 이에 수반되는 무형적 문화의 교류도 무시하지 못할 비중을 가지고 있었다. 그 중에서도 불상이나 경전 같은 것이 꼽힌다. 이 자체만 보면, 미술품이나 책이 왜 중요하냐고 생각할지도 모르겠다.

그러나 당시 중요한 것은 불상이나 경전 자체가 아니었다. 이 시대에 있어서 종교와 사상은 단순히 신앙 차원이 아니라 통치 이데올로기의 역할을 했다. 종교나 사상의 도입은 국가가 형성되어 가는 과정 내지는 국가체제의 정비과정과 결코 무관하지 않았던 것이다.

불교나 유교 사상이 도입된 이면에도 사상 자체의 가치 때문만이 아니라 국가체제 정비를 위한 일종의 이데올로기로의 측면이 강하게 나타난다. 단순한 종교나 사상의 도입에 그치는 것이 아니라 국가경영의 노하우를 도입한다는 의미가 있었다는 것이다.

유교경전은 보다 직접적이고 현실적으로 필요했다. 지금도 그렇듯이,

나라와 나라 사이의 교류는 최고 통치자들 사이의 합의부터 시작하여 복잡한 절차를 밟아 '외교관계'가 수립되어야 비로소 가능해진다. 외교관계를 성립시키고 유지하기 위해서는 당연히 외교문서가 오고 가야 한다. 당시에는 그 외교문서를 작성하는 데 통치 이념이었던 유교의 예법에 맞추는 것이 관례였다. 그러니 유교 경전을 모르면 유교적 예법에 따라 외교문서를 작성할 수가 없었던 것이다.

다시 말해서 국가체제 정비와 국가경영의 노하우를 얻기 위해서 고등종교나 사상을 도입해야 했고, 그에 따라 경전을 위시한 서적과 의식에 필요한 각종 도구가 같이 도입되어야 했다는 뜻이다. 선진문물을 가진 세력과의 교류가 중요했던 이유로는 이러한 점도 작용했다. 그래서 이 때뿐 아니라 훨씬 후대인 고려시대나 조선시대에도 사신들이 중국에 가서 구하려고 하는 물건들 중에는 서적 같은 문화상품이 상당한 비중을 차지하고 있었다.

또한 당시 아시아의 국제질서는 중국을 중심으로 편성되어 있었다. 이런 국제질서에서는 중국 황제에게 책봉을 받는 것이, 지금으로 말하자면 UN에서 국가로 승인받는 것과 마찬가지라고 할 수 있다. 바꾸어 말하면 책봉을 받지 못하면 국제적으로 인정을 받지 못한다는 뜻이 된다.

문제는 책봉의 형식이 황제를 찾아뵙는 것이기 때문에 어떻든 중국에 가야 한다는 데에 있다. 가지 못하면 책봉을 받을 수 없으므로 국제적으로도 고립될 수밖에 없는 처지가 된다. 지금도 마찬가지이지만 인적 자원의 교류는 대체로 물적 자원의 교류와 비슷한 루트로 이루어지게 마련이다. 그렇기 때문에 대륙과의 교역 단절은 곧 국제사회에서의 고립을 의미하게 된다.

왜가 대륙과의 교역을 포기할 수 없었던 이유도 이런 데에 있었다. 왜가 신라에 집요하게 침공해온 것도 당연한 일이다. 신라의 패권 장악으로 이전부터 확보하고 있던 교역루트에 타격을 받고 있는 현실을 수단과 방법을 가리고 않고 해결해야 했다.

왜가 어떻게
신라의 도성을 위협했을까?

대륙과의 교류 문제를 해결해야 했던 왜의 입장은 단순히 그들만의 문제로 끝나지 않았다. 어떻게 보면 뒤이은 4세기 동아시아 국제관계가 분쟁으로 얽히는 도화선 역할을 했다고 할 수 있다. 왜는 문제 해결 수단으로 일단 신라를 자주 침공해서 압력을 넣는 방향을 택했다.

고대사회에 있어서 왜의 신라침공이라는 사실은 그동안 많은 오해를 낳아왔기 때문에 이해를 돕기 위해 약간의 설명이 필요할 것 같다. 상당수의 학자들, 특히 일제 식민사학자들은 왜의 신라침공 사실이 양쪽 사료에서 확인되는 것이기 때문에 《일본서기》에 나타나는 신라정벌 기사도 확실한 신빙성이 있다고 주장했다.

여기에서 그친 것이 아니라 자주 침공을 감행한 것으로 보아 신라에 비해 왜가 월등한 무력을 가지고 있었음이 확인된다고까지 확대해석해 왔다. 지금까지 왜의 한반도 진출 운운하는 것도 근거의 상당부분을 여기에 두고 있다.

당시의 전투형태를 현대전과 구분하지 않고 본다면 이러한 오해가 생길 수도 있다. 현대전일 경우 월남전같이 특수한 경우가 아니면, 대체로 국경을 중심으로 유지되는 전선이 형성된다. 양측의 병력 역시 이 전선을 유지할 만큼 배치되므로, 해상이든 육상이든 국경을 돌파하여 후방 깊숙이 침투해 들어가 전략거점 특히 수도를 공격한다면 이것은 공격 측이 확실한 전력의 우위를 가지고 있다고 보아도 무방하다.

그러나 전근대적인 전투에서는 사정이 다르다. 무엇보다도 동원되는 병력의 규모가 다르다. 당시 전투에서 동원병력의 규모는 대개 수천 명이다. 기록상 최대로 동원된 규모가 백제 4만, 신라는 통일전쟁 때 5만이 고작인 것이다.

비교적 우수한 화기가 사용된 1차대전의 경우만 해도 2만을 기준으로 한 1개 사단의 방어전면은 고작해야 3km에 불과하다. 이를 기준으로 보더라도 3세기경에 동원할 수 있는 병력규모로는, 방어는 고사하고 모든 전선에 병력을 배치한다는 것 자체가 불가능하다.

육상의 국경은 물론 수백km에 달하는 해안선까지 지킬 병력을 염출해낸다는 발상 자체가 떠오를 수 없다. 병력을 배치하여 방어할 수 있는 곳이라고는 지도상에 점으로 표시되는 정도인 전략거점, 성城에 불과하다. 때문에 당시의 전투형태는 전선이 형성되어 이를 중심으로 벌어지는 것이 아니라 전략거점이었던 성을 중심으로 벌어지는 형태가 될 수밖에 없었다.

이런 사정은 전략·전술에도 바로 영향을 준다. 신라의 전술에 대한 기록이 없으니, 같은 지역에 자리 잡아 비슷한 전술을 구사했던 고구려의 전술을 참고해보자.

중국의 《주서周書》에는 고구려의 전술을 '성안에 군량과 무기를 비축하여 두었다가 적군이 침입하면 성안으로 들어가 굳게 지킨다' 고 기록하고 있다. 이러한 전술은 고구려뿐 아니라 한반도에 있던 나라들이 공통적으로 택하고 있었다. 산이 많고 지세가 험한 지형적 특성이 대체로 성을 중심으로 한 방어에 유리하게 되어 있기 때문이다.

공격 측의 입장에서도 어디까지 진격해갔느냐는 문제가 안 된다. 당시 성패의 관건은 성을 공격해서 함락시키느냐 못 시키느냐는 것이다. 성만 함락시키면 일단 그 주변지역 전체가 수중에 들어온다. 여기에는 물론 점령한 성을 계속 지킬 수 있어야 한다는 전제가 따른다. 운이 좋아 성을 함락시킬 수는 있지만 점령상태를 유지할 만한 확실한 전력을 갖추지 못하면 아무 의미가 없기 때문이다.

사료에 기록된 당시 전투의 대부분이 공성전攻城戰인 이유도 여기에 있다. 전술 자체가 이렇기 때문에 성을 제외한 대부분의 공간은 무인지경無人之境으로 방치될 수밖에 없었다. 왜병이 해안으로 상륙한다 하더라도 상륙지점에서 왜병을 격퇴하지 못하는 것도 당연하다. 왜병이 해안에 상륙해서 신라의 어느 성까지 접근하는 데에는 전혀 저항을 받지 않는 상태였던 것이다.

고려시대나 조선시대에도 왜구倭寇가 출몰하여 내륙 깊숙이까지 진출하는 일이 허다했던 것과 같은 이치이다. 왜구의 출몰은 한반도에만 국한된 것도 아니었다. 명明 같은 중국의 대제국도 이들의 해적질에 골치를 썩을 정도였다.

중세에 있었던 왜구의 침공을 일본 국력의 척도로 생각하는 사람은 거의 없다. 이 시기쯤 되면 기록이 비교적 상세하게 남아 있어, 왜구의 침입이 힘의 우위를 바탕으로 한 일본의 전면적인 침공이라 할 수 없다는 점이 쉽게 밝혀지기 때문에 오해가 없을 뿐이다.

왜에 대한 신라의 입장

혹자는 신라의 전력이 열세가 아니었다면 일방적으로 침공을 받기만 할 것이 아니라 선제공격을 가할 수도 있지 않았겠느냐는 의문을 가질지도 모르겠다. 그러나 신라가 일방적으로 수세에만 몰린 듯이 보이는 것도 당시의 전략적 상황을 감안하고 이해해야 한다.

신라의 입장에서 공세를 취하자면 공격목표는 현재의 일본열도가 될 수밖에 없으며 이를 위해서는 수군을 동원해서 바다를 건너 왜의 영토에 상륙해야 한다. 신라는 일단 수군에 별로 자신이 없었던 것 같다. 신라의 역사상 수군이 전투에서 비중 있는 역할을 한 경우도 거의 없다.

수군의 전력에 자신이 있었다고 해도 구체적인 공격목표를 찾기가 어렵다. 국가발전단계상 아무래도 일본지역은 늦었던 축에 속한다. 그게 오히려 왜를 응징하기 곤란한 이유가 된다. 확실한 중심세력이 형성되지 않았기 때문이다. 이런 상태에서는 오히려 단번에 결정적인 타격을 줄 수 있는 목표를 찾기가 어려웠을 것이다.

베트남 전쟁에서 미군이 분명한 전력의 우세에도 불구하고 북베트남에 결정적인 타격을 주지 못했던 것과 비슷한 상황이다. 고등동물은 두뇌가 죽으면 그걸로 끝이 나지만 하등동물일수록 일부만 살아 있어도 전체적인 복원이 가능한 것과 같은 이치라고나 할까.

훨씬 이후인 15세기에만 하더라도 부산이라는 훌륭한 전진기지가 있고 일본과 비교가 안 될 만큼 우수한 수군을 보유하고 있던 조선도, 본토는 고사하고 대마도를 정벌하는 선에서조차 별다른 성과를 얻지 못하고 부담만 진 적도 있다. 고려나 조선이나 일본이 무서워 정벌하지 못한 것은 아니라는 뜻이다.

이런 사정은 왜에게만 적용되는 것이 아니다. 웬만큼 중앙집권적인 체제를 갖추고 있었다 하더라도, 수도 한 군데를 점령하는 정도로 나라 전체를 무너뜨리기는 어려웠다.

자타가 북방의 강자라고 공인하는 고구려조차 예외가 될 수 없었다. 고국원왕대에 모용씨慕容氏가 고구려를 침공하여 수도까지 점령한 적이 있지만 완전히 정복하지는 못했다. 모용황慕容皝의 참모였던 한수韓壽의 충고가 당시의 상황을 단적으로 설명해준다.

"고구려 땅은 지킬 수 없습니다. 지금 그 왕이 도망가고 백성이 흩어져 산골짜기에 숨어있으나, 대군이 돌아가면 반드시 다시 모여들어 나머지 무리를 모아 오히려 근심거리가 될 것입니다. 그의 아버지의 시신을 싣고, 친어머니를 잡아가십시다. 그가 스스로 몸을 묶어 항복해오기를 기다려 그 후에 돌려주고 은덕과 신뢰로 어루만지는 것이 상책입니다."

모용황도 이 충고를 받아들여 미천왕의 시신과 보물, 인질만 거두어 철수하고 말았다. 고구려도 다음 해에 조공을 바치며 타협이 되었다. 이후 약간의 갈등이 지속되지만 고구려를 무너뜨릴 만한 타격은 없었고 서로 간에 정치적인 타협을 모색하는 정도로 결말이 났다.

여기서 나타난 상황은 정치 · 문화적 기반이 다른 나라를 공격해서 정복하는 경우에 일단은 적용된다고 보아야 한다. 중앙집권적인 왕권이 성립해 있던 고구려 같은 나라조차 수도만 점령하는 정도로 문제가 해결되지는 않았다면, 신라가 왜를 공격하는 상황에서라고 별다른 전과를 기대할 수는 없었다.

신라에 전략적인 약점이 있었다는 사실은 이 정도면 이해하기 쉬우리라 생각된다. 일방적으로 침공을 당한 것도 이러한 약점 때문이다. 그렇다고 전반적인 상황이 신라에 불리하게만 작용한 것도 아니다. 공격하는 왜에게도 부담이 컸다. 공격자로서는 목적을 달성하지 못하면 공격에 쏟아부은 노력이 모조리 헛고생이 된다. 실제로도 왜는 괄목할 만한 전과를 얻지 못했다.

그도 그럴 것이 한반도의 지형과 그 지형을 이용한 성의 구조가 쉽게 공략당하지 않게 되어 있다. 한반도에 있는 성, 그 자체만 가지고 유럽 등

신라의 왕궁이 있던 월성을 밖에서 보면 그저 작은 산으로 보인다. 그만큼 인공적으로 만들어낸 성이 아니다. 하지만 인공적으로 쌓아올린 성보다 공략하기는 쉽지 않다.

지에 있는 성과 비교해보면 돌무더기에 불과하다고 할 정도로 허술한 것이 사실이다. 그러나 성의 소재지인 산 자체가 천연의 요새이기 때문에 막상 공략하자면 유럽의 성보다도 더 어렵다.

공격하기가 그만큼 어렵기 때문에, 한반도에서의 전투형태를 보면 공격 측도 희생이 많이 나는 직접 공격을 가급적 자제했다. 대개는 포위만 해놓고 성안의 물자가 떨어져서 방어자가 지치기를 기다렸던 것이다.

공격 측이 구사하는 이러한 전술은 필연적으로 포위망을 풀지 않고 방어 측보다 오래 주둔해서 버티는 것이 성공의 관건이 되는데, 이것이 그

신라의 왕궁이 있던 월성 밖에는 해자(垓子)를 파서 인공적인 방어시설을 보강한 흔적이 보인다.

리 쉽지는 않다. 공격 측은 대체로 먼 거리를 원정 오는 입장이라 보급선을 유지하기가 어렵다. 바다를 건너 보급선을 유지해야 하는 왜에 있어서는 이 문제가 특히 심각할 수밖에 없었다. 왜군이 오래 버티지 못하고 포위를 푸는 일이 많은 것도 당연하다고 할 수 있다.

왜의 침공이 신라에 별다른 타격이 되지 못했던 것도 나름대로 풀지 못했던 전략적 약점이 작용했던 것이다. 성안에 틀어박혀 있다가 왜군이 포위를 풀고 물러가면 추격하는 정도의 소극적인 전술로 일관하는 신라에 대해 별다른 타격을 주기가 어려웠다. 함락되어 왜병에게 장기간 점령된 성은 기록에도, 고고학적으로도 눈에 띄지 않는 것이 당연하다.

왜를 괄시했던 신라

전력에 자신 없던 왜병이 초기에 주로 구사했던 작전은 변경을 침범해서 저항능력이 없는 백성들을 잡아가는 것이었다. 3세기 전반, 이른바 포상팔국浦上八國의 난 직전에도 변경을 침범하다가 이벌찬伊伐湌 이음利音의 군사에게 격퇴당하는 정도에 그친다.

이런 정도로는 별 압력이 안 된다고 판단했는지, 조분 3년232에는 수도인 금성金城을 공격하지만 신라왕이 직접 나가서 싸우자 금방 흩어져 도망가다가 많은 희생을 치른다. 다음 해 5월에는 다시 변경을 노략질하는 전략으로 바꿨다.

함부로 거점을 공격하는 것이 위험하다는 교훈을 얻고 나서 전술을 바꾼 듯하다. 신라 측에서도 전술변화를 감지하고 대책을 세웠다. 7월에 왜병이 쳐들어왔을 때는 태자太子이자 이찬의 지위를 가지고 있던 우로가 사도沙道에서 맞아 싸웠다. 아예 길목에서 기다리고 있다가 왜의 배에 불을 질러 격퇴해버린 것이다.

전쟁이 자주 벌어지면 양측이 다 지치게 마련이다. 왜도 침공이 압력 수단 이상이 되지 못한다는 점은 충분히 깨닫고 있었던 것 같다. 신라와 왜는 화해의 길을 모색했다. 화해를 하면서도 과정은 순탄하지 않았다. 왜병을 격퇴했던 장본인 우로가 말썽의 주역이기도 했다.

바로 이 장면에서 신라가 왜라는 존재를 어떻게 여기고 있었는지가 드러났다. 왜의 사신인 갈나고葛那古를 접대하면서 "조만간에 너의 왕을 소금을 만드는 노예로 만들고 왕비를 밥 짓는 여자로 삼겠다"고 말해버린 것이다.

취중에 왜인을 깔보는 신라인의 속마음이 드러난 것인지는 모르겠지만, 잘 되어가던 협상이 이 한마디로 파탄을 맞았다. 이 말을 전해들은 왜왕이 가만히 있을 리 없었다. 당장 군대를 보내 침공을 감행했다. 쓸데없이 전쟁을 치르게 되자 우로는 책임을 지고 전쟁을 끝내려 했다. 직접 왜군을 찾아가 "농담이었을 뿐"이라고 해명하였으나 왜군은 그를 붙잡아 불태워 죽인 다음 돌아가 버렸다.

신라 측은 자기쪽 요인의 실언 때문에 일어난 전쟁이라는 점을 인정해서인지 이 때의 침공을 문제 삼지 않고 왜와 해빙무드를 이어가려 했다. 그렇지만 이것조차 마음대로 되지 않았다. 남편의 죽음에 한을 품고 있던 우로의 부인이 기어코 보복살인을 저질러버린 것이다. 왜의 사신이 오자 왕에게 자기가 접대하겠다고 해놓고는, 술을 먹여 취한 사신을 불태워 죽여버렸다. 왜인들은 다시금 분개했고 피차간에 부질없는 전쟁이 이어졌다.

유례 4년287 왜는 일례부 禮部를 습격하여 불을 지르고 백성 1천 명을 붙잡아갔다. 9년292 6월에는 사도성沙道城을 공격하여 성을 함락시키기까지 했다. 물론 일길찬一吉湌 대곡大谷의 부대가 파견되어 곧바로 성을 회복했다. 11년에는 왜가 장봉성長峯城을 공격했지만 별다른 성과를 얻지 못했다.

왜의 공격이 계속되자 유례 이사금은 '왜인이 자주 우리의 성읍城邑을 침범하여 백성들이 편안하게 살 수가 없으니 백제우리가 알고 있는 백제인지는 의심스럽다와 꾀하여 왜를 공격하고 싶다' 는 뜻을 신하들에게 피력했다.

신하들의 뜻은 반대였다. 서불한舒弗邯 홍권弘權이 나서서 '우리나라 사람은 물에서의 싸움에 익숙하지 못하므로 멀리까지 원정 가서 싸우는 것은 위험하며 백제도 믿을 수 없는 존재' 라는 점을 강조하여 왕의 동의를 얻었다.

신라 측에서는 굳이 얻을 것도 없는 전쟁을 원하지 않았던 것이다. 기림 이사금基臨尼師今이 들어서면서는 다시 왜와 사신을 교환하고 흘해 이사금訖解尼師今 대에는 왜 왕자와의 혼인이 성사된다. 그러나 이 역시 순탄하지 않았다. 왜를 무시하는 신라의 무성의한 태도가 이번에도 적나라하게 드러났기 때문이다.

아들의 혼사를 요청하는 왜왕에게 아찬阿湌 급리急利의 딸을 시집보내 버린 것이 원인이었다. 아찬은 신라의 관등 중에서 6등급에 해당하는, 그리 높지 않는 지위이다. 이 정도 등급에는 6두품들도 임명될 수 있다.

급리가 나중에는 출세했다고 하지만, 왜가 장래성 있는 신라 귀족과 관계나 맺자고 혼사를 요구한 것은 아니었다. 신라왕실과의 사돈관계를 원했던 왜에게 이렇게 격에 맞지 않는 혼사는 모욕이나 다름없었다. 그래도 외교적 해결에 미련을 버리지 못한 왜가 재차 혼사를 요청했지만 신라는 이것조차 이미 혼사를 맺었다는 이유로 거부해버리고 말았다. 이에 분개한 왜는 절교를 선언했고 이후 신라와 왜의 관계는 한동안 회복되지 못하고 적대관계가 지속되었다.

몇 년 후 왜병이 풍도風島까지 와서 변방의 민가를 약탈하다가 과감하게 금성을 공격해왔다. 결말은 이전과 별로 다르지 않았다. 왕은 군사를 내어 싸우려 했으나 이벌찬 강세康世가 '적은 멀리서 왔으니 피로해지기를 기다리자'고 말렸고 왜병은 식량이 떨어져 철수할 수밖에 없었다.

신라는 기병을 보내 추격해서 쫓아버렸다. 내물奈勿 9년364에도 왜병이 쳐들어왔지만 허수아비에 옷을 입혀 토함산 아래 세워둔 기만전술과 부현斧峴 동쪽에 군사를 매복시켜둔 신라의 계략에 걸려 희생만 치렀다.

신라 측에서는 이런 식으로 화친관계가 깨어져도 별로 잃을 것이 없다고 생각했던 것 같다. 공격해와 봤자 별다른 타격을 주지 못한다는 사실이 드러나자 신라 측에서도 만성이 되어버린 것이다. 싸우는 것은 귀찮고 싫지만 까다롭게 이것저것 요구하는 것까지 다 들어줄 수 없다는 게 신라의 입장이었다.

이 저변에는 왜인들을 귀찮게 구는 패거리 정도로 깔보는 신라인의 정서가 깔려 있었다. 빈민가 같은 곳에 처음 들어가 살면 매일같이 유리창이 깨지고 싸움이 나는 데 신경쇠약이 걸릴 지경이겠지만, 오래 살다보면 나름대로 내성이 생기는 것과 마찬가지이다. 웬만큼 자리가 잡히면 분위기가 좀 험악하더라도 악착같이 버티게 된다. 하물며 신라 정도 되는 나라로서는 지역의 패권을 장악하는 데 지장이 없는 이상, 왜의 협박 따위에 굴복하여 비위를 맞출 필요는 없다고 느꼈을 것이다.

그렇지만 이건 너무 단선적인 발상이었다. 해안지대에 쳐들어와 말썽을 부리면 이게 귀찮아 외교적 해결을 모색하고 교역을 허용하는 식의 행태는 훨씬 후대인 조선시대의 한·일 관계에 있어서도 일반적인 양상이다.

단지 역사적 경험이 축적된 조선시대에는 일본에 대해 좀 더 관대했을 뿐이다. 조선이 내심 왜인들을 괄시하면서도 일본에 대한 정책에서 보다 너그러웠던 이유는 힘이 모자라서가 아니라, 지나칠 경우 결국 불행한 사태가 일어난다는 교훈을 가지고 있었기 때문이다.

당시의 신라는 조선만큼 왜를 관대하게 대해주지 않았다. 가야의 내분을 틈타 지역의 패권을 장악할 수 있었던 신라가 굳이 왜의 비위까지 맞추어야 할 필요를 느끼지 않았던 것 같다.

신라의 패권 장악으로 타격을 받은 왜가 성가시게 굴기는 했지만 신라에 문제가 될 만한 충격을 줄 수 없었다. 기세 좋게 뻗어나가는 신라로서는 이렇게 일이 잘 풀리는 상황에서 이미 세력을 잃은 가야나 능력도 없는 왜가 더 이상 무슨 문제가 되리라는 생각이 들지 않는 것이 당연했을지도 모른다.

신라 이외에도 백제나 고구려같이 더 강력한 세력이 이 지역에 관심을 갖게 되리라는 생각 같은 것은 하고 싶지도 않았던 모양이다. 그러나 신라인들이 미처 생각하지 못했다고 해서 시대의 흐름이 비켜가 주지는 않는다.

강력한 세력들이 진출해오면서부터는 상황이 복잡해지고 아무리 힘이 없는 세력이더라도 이 틈바구니 속에서 캐스팅보드를 쥘 수 있다. 왜를 괄시한 데에 신라로서는 나름대로 자부심이 있었기 때문이겠지만, 곧이어 다가오는 시대의 새로운 질서 속에서는 이런 신라인의 태도가 곧 감당할 수 없는 사태를 맞이하는 원인이 되었다.

2. 근초고왕의 업적

드라마가 왜곡한 근초고왕의 캐릭터

드라마 근초고왕이 방영되기 전까지만 해도 내막을 몰랐던 사람들은 그 기대와 우려가 매우 컸던 것 같다. 그동안 많은 사극이 방영되었지만, 백제의 인물을 주인공으로 한 사극은 많지 않았다. 있었다 하더라도 '서동' 같은 전설 속 인물에 가까웠지, 실제 백제 역사에서 중요한 역할을 한 인물은 거의 없었다고 할 수 있다.

백제라는 나라가 차지하고 있던 역사적 비중에 비해서는 너무하다 싶을 정도로 박대를 받는 느낌까지 있었다. 그러던 차에 백제의 최고 전성기를 이끌었던 근초고왕을 주인공으로 한 드라마가 나온다고 하니, 이제야 백제를 대접해주려나 하는 기대가 있었던 셈이다. 반대로 이제 백제까지 팔아 역사를 국수주의적 관점에서 과대포장하려는 거 아니냐는 우려의 목소리도 나왔다.

하지만 막상 뚜껑이 열리고 보니 이 모든 기대와 우려는 다 쓸데없는 것이었음이 드러났다. 우선 우려부터가 기우에 불과했다. 백제가 요서지역을 차지했다는 내용은 손바닥만한 성 두 개를 점령했다는 수준이니 국수주의적 관점으로 백제를 과대포장할 것 같다는 우려는 깨끗이 불식시켜버린 셈이다.

그런데 이보다 한 걸음 더 나아가 백제를 역사적 사실과 다르게 그린 부분이 많았다. 무엇보다 백제왕의 위상부터가 그렇다. 시청자 대부분의 눈에는 제대로 보이지 않았을 수도 있다. 그렇다면 드라마상에 드러난 고구려왕의 위상과 비교해보면 그 사실이 쉽게 드러난다.

드라마에서 고구려왕에게 대드는 신하가 있었던가? 왕의 의견에 반대하는 신하가 없었던 것은 아니지만, 눈치를 보며 읍소하는 형식으로 의견을 내다가 왕의 한마디면 모두 조용해지는 것이 드라마에 나타난 고구려왕의 위상이다. 그만큼 고구려왕은 왕다운 위상을 가지고 있다.

반면 백제왕은 어떤가? "당신은 어느 나라 왕이냐?"는 식으로 대드는 장면이 한두 번도 아니었다. 더 나아가 왕 앞에서 칼을 뽑아 태자에게 들이대는 등 이런 식으로 왕 앞에서 자기쪽의 이익을 챙겨주지 않는다고 노골적으로 대드는 장면이 많이 등장한다. 고구려왕에게서는 거의 찾아볼 수 없는 장면들이 백제왕에게서는 여러 차례 나타난 것이다.

이런 대비는 제작진이 고구려와 백제라는 나라를 어떻게 보고 있는지를 나타낸다. 고구려는 왕이 신하들에 비하여 초월적인 위상을 가지고 있었던 데 비하여 백제는 그렇지 않았다는 뜻이 되어버리는 것이다.

중앙집권적 고대국가의 성립 여부는 초월적인 권위를 가진 왕의 출현을 중요한 기준으로 삼는다. 즉, 그러한 왕이 존재하지 않는다면 그 나라는 온전한 고대국가라고 보지 않는다는 얘기다. 드라마에 나타나는 것처럼 백제왕이 그렇게 신하들이 맞먹다시피 해도 좋은 존재였다면 백제는 근초고왕 때까지도 제대로 된 고대국가가 아니었다는 뜻이 된다.

이러한 인식이 근초고왕의 캐릭터를 그리는 데에도 직접적인 영향을 미쳤다. 드라마에서 그려내고 있는 근초고왕은 냉철한 전략가가 아닌 마음씨 따뜻한 아줌마 같은 캐릭터이다.

진씨, 해씨 등 각 귀족가문의 세력다툼 사이에서 정권이나 잡은 왕이라는 정도? 그래서 백제의 위상도 여기에 맞게 국제정세를 주도했던 나라가 아닌, 자기들끼리의 정권 다툼에만 열을 올렸던 나라로 설정되었다.

생각해보면 애초에 우리 사회가 백제를 그런 나라라고 가르쳐오지 않았는지 의문이 생긴다. 교과서에서부터 백제는 고이왕 때가 되어서야 나라의 형태를 갖추었다고 해놓았다. 많은 전문가라는 사람들이 더 나아가서 '백제는 근초고왕 때가 되어서야 나라 꼴을 갖추었다' 는 식으로 말하기도 한다.

전문가도 아닌 소설가나 드라마 제작진은 이런 의견을 지닌 사람들에게 자문을 구하거나 그들이 써낸 연구성과를 보고 참고했을 수 있다. 이 점이 근초고왕의 캐릭터를 사실과는 다르게 만들어버린 원인이 되었을 것이다.

근초고왕 때의 국제관계

근초고왕이 평가받는 이유를 이해하려면 그가 활약했던 4세기경 국제관계부터 알아보아야 할 것이다. 사료의 공백을 극복하고 시대상을 입체적으로 조명할 수 있게끔 우선 당시 대세의 흐름부터 보아야 한다.

4세기쯤 동아시아에서는 고구려가 먼저 자타가 공인하는 북방의 강자로 성장했다. 한반도 남부에서는 백제가 고구려에 버금가는 강자로서의 위치를 확보해 나아가고 있었다. 한편 지금의 경상도 지역에서는 가야를 억누르며 신라가 성장하는 중이었다. 그리고 바다 건너에는 신라와 분쟁을 벌이며 고대국가체제를 갖추려 안간힘을 쓰던 왜가 있었다.

이들 중 가장 강력한 세력을 형성하고 있던 나라는 두말할 필요도 없이 고구려였다. 고구려는 국가체제를 갖추는 과정에서 주변의 군소국가群小國家들을 마구 정복해 나아갔다. 여기에는 한漢나라가 설치했던 4군郡도 포함되어 있었다.

이러한 고구려의 팽창에 위협을 느끼던 세력이 백제였다. 백제에 있어 한사군漢四郡 같은 존재들은 고구려와 백제 사이에서 완충역할을 하던 세력이었다. 그런데 이것이 사라지자 이제 백제는 고구려와 직접 국경을 맞대고 그 위협을 받아야 했다.

지금까지 남아 있는 기록에서 의심의 여지가 없는 사실은, 북방에 강력한 고구려가 자리잡고 있었으며 남쪽에는 백제-가야-왜가 연결되는 대항세력이 형성되어 있었다는 것이다.

4세기의 국제정세가 두 개의 축을 중심으로 전개되었다는 사실에 대해 다른 견해를 지닌 사람은 별로 없다. 문제가 되는 점은 고구려에 대항하는 중심세력을 백제로 보느냐 왜로 보느냐에 있다.

왜를 중심으로 보는 경향은 점차 타당성을 잃어가고 있다. 왜가 당시 고구려에 대항하는 세력의 중심이었다면 대립구도가 고구려와 왜를 중

고구려와 백제의 분쟁이 격화되면서 쌓은 산성으로 추정되는 아차산의 장성.

심으로 성립되어야 하는데, 실제로 나타나는 양상은 전혀 그렇지 않은 것이다.

《삼국사기》〈고구려본기〉에는 왜에 관한 기록이 전혀 없다. 광개토왕 비문의 왜관계기사가 유일하게 고구려에 의해 언급된 왜에 관한 기사인 데, 그 내용은 의도적으로 백제를 무시하고 왜를 과대포장한 흔적이 역력하다.

심지어는 《일본서기》에서도 200년이 넘게 이어져왔어야 하는 고구려 와의 대립과 갈등에 대해 신빙성 있게 언급한 대목이 거의 없다. 고구려-왜의 대립구도가 당시 국제관계의 중심축이었다고 한다면 고구려-왜 관계에 대한 기록이 이렇게까지 없을 수는 없다.

반면에 4세기 이후 고구려와 백제의 분쟁은 일일이 열거하기 어려울 만큼 자주 나타난다. 광개토왕비에서도 백제를 '백잔百殘'이라 부를 만큼 증오가 강하게 표현되어 있다. 고구려의 주요 경쟁자가 백제였다는 사실이 적나라하게 드러나고 있는 것이다.

더욱이 한사군의 하나였던 대방帶方 같은 군현郡縣은 백제왕실과 혼인 관계를 맺고 있었다. 이 때문에 고구려가 대방을 칠 때 백제가 사돈을 맺고 있던 대방에 구원병을 보냈고, 이때부터 사이가 매우 나빠지기 시작했다고 기록되어 있다. 백제가 자신과 우호적인 세력까지 정복해 나아가는 고구려의 팽창에 위협을 느끼는 건 너무나 당연했을 것이다.

이후 구체적인 분쟁에 대해서는 기록이 남아 있지 않다. 하지만 백제의 책계왕責稽王이 고구려의 침공과 노략질을 염려하여 아차성阿且城과 사성蛇城을 수축하여 대비한 것을 보면 고구려와 백제가 불편한 관계를 지속하고 있었음은 분명하다. 사실 서로 팽창정책을 쓰는 상대와 국경을 접하고 있으면서 사이좋게 지내는 일은 매우 드물다. 그러니 고구려와 백제의 사이가 좋아지기는 어려웠을 것이다.

근초고왕이
직면했던 과제

근초고왕은 바로 이러한 정세 속에서 등장했다. 이 상황에서 근초고왕이 해내야 할 첫 번째 과업은 일단 고구려의 위협을 막으며 백제의 기반을 다져 나아가야 하는 것이다. 그런데 고구려의 위협을 극복해야 한다는 과업은 외부요인 덕분에 일단 쉽게 해결되었다.

근초고왕의 재위기간에 즈음하여, 고구려는 연나라 모용씨와의 분쟁에 시달려야 했다. 수도까지 함락 당하는 등 수세에 몰리는 입장이었기 때문에 다른 곳에 신경 쓸 여유가 별로 없었다. 백제는 이 덕분에 상당 기간 고구려의 예봉銳鋒을 피할 수 있었다.

그렇지만 근초고왕은 이런 상황 속에 안주하려 하지 않았다. 당장 상황이 좋으면 대부분의 사람들은 그 속에 편안하게 안주하고 싶어하는 경향이 있다. 그렇지만 적어도 국가를 경영하는 지도자까지 이런 경향에 휩쓸리면 뒤끝이 좋지 않다.

국가의 주변 상황이라는 건 언제 어떻게 바뀔지 모르는 것이다. 당장 위험하지 않다고 시간만 보내고 있으면 어떤 위기가 닥칠지 모른다. 만약을 위해 장래에 대비해야 하는 게 국가 지도자의 책임이다.

근초고왕은 한 나라의 전성기를 구가했던 지도자답게, 이 상황에서 구사해야 할 적절한 전략을 찾았다. 이를 이해하기 위해 일단 근초고왕의 입장에서 당시의 정세를 살펴보자.

백제의 최대 적은 두말할 필요도 없이 고구려이다. 당장은 다른 세력과의 분쟁에 휘말려 직접적인 위협을 해올 입장은 못 되지만, 언제 어떤 공격을 해올지는 아무도 모른다. 당장 위협해올 수 없는 상황을 이용해서 뭔가 안전장치를 해둘 필요가 있었다. 이런 상황을 고려하면 먼저 백제에 신경 쓸 수 없는 틈을 타서 선제공격을 통해 고구려에 재기불능의 타격을 주는 방법을 생각해볼 수 있다. 하지만 이건 너무 부담스럽다.

백제가 성장하고 있던 시기라고는 하지만, 백제에게 고구려는 여전히 부담스러운 상대였다. 고구려가 아무리 모용씨에게 시달리고 있어도 만만치 않은 잠재력을 가지고 있는 나라이다.

잘못 건드렸다가는 북쪽 모용씨의 압력을 극복하느라 여념이 없는 고구려의 칼끝을 공연히 자기 쪽으로 끌어당기는 결과가 될 수 있다. 고구려를 멸망시키려는 시도는 물론이고, 자극하는 것조차 회피해야 할 판이었다. 당장은 고구려의 위협이 없지만, 그렇다고 고구려에 쳐들어가 타격을 주기도 어려웠다는 것이다.

그렇다면 다음으로 생각해야 할 전략에는 무엇이 있을까? 무리하게 쳐들어가서 공연한 모험을 하기보다, 적당히 적을 견제하며 장래를 위해 더 많은 자원을 확보해두는 전략이 있다. 이 때 근초고왕이 선택한 전략이 바로 이런 것이라 할 수 있다. 한동안 지속되던 대치상태에 변화를 모색한 쪽은 백제였지만, 변화의 방향이 고구려를 향한 것이 아니었던 이유가 여기에 있다.

이런 맥락에서 근초고왕이 주목한 곳이 남방이다. 북쪽은 어차피 고구려 영역이다. 백제가 고구려를 밀어내고 그 땅을 차지할 만한 힘은 없다. 반면 남쪽 방면에는 백제에 대항할 만큼 강력한 세력이 아직 형성되어 있지 않았다.

고구려의 위협에서 여유를 가질 수 있는 시점이 남쪽 방면의 신라와 가야, 마한 등의 세력을 정리할 수 있는 절호의 기회였다. 고구려가 주춤하는 사이 혹시 있을지도 모르는 배후의 위협을 제거할 뿐만 아니라, 나아가서 이들을 유용하게 이용할 수 있도록 남방에 정지整地작업을 해두는 게 최선의 대안이었다는 것이다. 이게 바로 근초고왕이 구상한 대전략의 핵심이라고 할 수 있다.

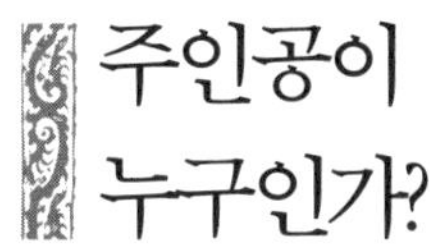

주인공이 누구인가?

여기서 열쇠가 될 수 있는 사건이 4세기 중엽에 있었다고 기록되어 있는 대규모 가야 정벌이다. 이 사건의 실체와 주인공을 어떻게 보느냐에 따라 한국과 일본 고대사를 보는 시각이 틀려질 수밖에 없다.

이에 관한 학설은 크게 정벌의 주체를 왜의 신공황후로 보는 설, 백제의 근초고왕으로 보는 설, 그리고 정벌 자체를 존재하지 않았다고 보는 설로 나뉜다. 즉 이 사건은 실제로 존재했던 사건인가, 또 그랬다면 그 주체는 누구였는가 하는 데 논쟁의 초점이 모아지는 셈이다.

그렇지만 최근에 들어서면서 《일본서기》의 기록을 곧이곧대로 믿어 이 정벌의 주체가 신공황후였다고 믿는 학자는 거의 없다. 이렇게 믿자면 너무나 앞뒤가 맞지 않는 사실이 많이 나타나기 때문에 학설로서의 가치를 잃고 있는 것이다.

그러면 범위가 조금 좁혀지는 셈이다. 주연이 근초고왕이었다고 보든가, 그렇지 않으면 정벌 자체를 없었다고 보는 설만 남는다. 여기서 한국과 일본 양국에서 전문가를 자처하는 많은 사람들이 4세기 백제의 역할을 인정하지 않거나 평가절하하는 주장을 펴고 있다. 논쟁의 초점이 되는 4세기 중엽, 정확하게는 A.D. 369년에 있었던 대규모 가야 정벌 사실도 아예 존재하지 않았거나 심하게 과장되었다고 보려 한다.

그만큼 백제를 주체로 보려는 사람이 학계에서 소수파로 몰리는 경향이 있다는 뜻이다.

왜곡된 인식이 심어지게 된 근본적인 이유는 이 사건이 기록되어 있는

《일본서기》에서부터 조작이 자행되었던 탓도 있다. 하지만 《일본서기》의 조작은 워낙 유명한 것이라서 기본적인 지식만 있더라도 그걸 찾아내지 못할 정도는 아니다. 애써 정복한 가야·마한 지역을 '백제에 그냥 주어 버렸다'는 《일본서기》 기록은 벌써부터 '이런 좋은 국제관계가 있을 수 있는가'라는 비웃음을 사고 있었다.

이런 식으로 믿을 수 없는 기록이 많이 나오기 때문에 백제가 남쪽으로 팽창하는 사건 자체가 있지도 않았다고 주장하는 경향도 생겨났다. 그러나 이 역시 바람직한 태도는 아닌 것 같다.

고대사는 물론 현대사 기록에서조차 한눈에 엉터리임을 알 수 있는 기록은 나오게 마련이다. 이런 게 나온다고 해서 관련된 사건 자체까지 모조리 없었던 일로 치부해버린다면 실제로 일어났다고 인정받을 수 있는 사건은 거의 없다. 그럼에도 골치 아프니까 아예 없었던 일로 치자는 식의 태도는 거짓말이 뻔히 보이는 기록을 그대로 믿겠다는 태도보다 나을 게 없다.

결국 근초고왕의 업적이 인정받지 못하고 있는 원인도 당시 가야와 마한을 정복했던 과정과 그 전략을 제대로 이해하지 못했기 때문일 수 있다. 사건 자체를 그렇게 모순투성이로만 인식했던 이유도 여기서 찾을 수 있을 듯하다.

이 점만 제대로 인식하고 보더라도 그동안 수수께끼나 모순처럼 인식되어 왔던 문제가 한꺼번에 풀릴 수 있다. 뒤집어 말하자면 그동안 전쟁과 전략 문제에 별 관심을 두지 않았던 일부 학자들에게 수수께끼나 모순처럼 인식되어 왔던 원인은, 근초고왕의 전략이 여러 요소를 고려하여 복잡·미묘하게 실행되었기 때문이라고 할 수 있다.

더구나 백제의 남방 진출은 이후 한·일 양국의 고대사에서 벌어지는 거의 모든 사건의 연결고리가 된다. 훨씬 이후인 성왕대에도 계속 언급이 된다. 후대의 사람인 성왕이 있지도 않은 일을 입에 올릴 이유도 없거니와 나중에도 계속 언급되어야 할 정도라면 정말 중요한 사건이다. 이런 사건을 없었던 일로 여기고서는 이후의 이야기를 할 수가 없다.

백제의 팽창은 근원적으로 고구려와의 대치상황 때문에 파생된 셈이다. 결국 4세기라는 시기 자체가 국가체제를 정비한 고구려와 백제가 주변의 세력을 정복하며 팽창해 나아가는 시대라고 할 수 있다. 신라-가야-왜도 이들이 팽창하는 소용돌이 속에서 무사할 수는 없었다.

사려 깊은 전략, 신중한 실행

백제의 남방진출 양상을 보자면 먼저 이해해야 할 문제가 있다. 백제가 남방으로 진출하려는 시도 자체가 두 세력이 처음으로 만나 관계를 맺는 계기이기도 했던 것이다. 그리고 이 이후, 백제와 왜는 한 번도 전쟁을 벌인 기록이 없을 만큼 우호적인 기조를 마련하게 된다.

어떻게 해서 백제와 왜는 첫 만남부터 성공적으로 이끌 수 있었던 것일까? 이를 이해하기 위해서는 우선 양쪽의 입장을 살펴보아야 한다.

북방에 기원을 두고 있는 백제에게 남방 진출이란 신천지로의 진출을 의미한다. 이 이전에도《삼국사기》기록상으로는 백제와 신라 간의 전투가 기록되어 있기는 하다. 그렇지만 1세기에서 3세기 사이에 백제와 신라의 영역 같은 상황을 감안해보면 아무래도 사실 같지는 않다.

이 시기에 신라와 분쟁을 벌인 백제는 실제의 백제가 아니라 진한이나 마한 같은 세력을 신라나 백제로 표기해 넣었다는 주장이 나올 만큼 신빙성을 인정하기가 어려운 것이다. 그렇기 때문에 백제가 본격적으로 남방의 세력과 관계를 맺게 된 시기는 바로 이때, 4세기 중엽으로 보아야 한다.

이 시기 백제의 남방 정복에 있어서의 핵심은 역시 고구려가 신경을 쓰지 못하는 사이에 먼저 남방의 나라들을 백제 세력권으로 흡수하는 것이었다고 요약할 수 있다. 그 대상은 마한의 잔여세력과 가야, 신라 등이었다. 이들을 정복하든, 잘 구슬려 협조적인 세력으로 만들든 백제에 유리한 관계를 만들어놓는 것이 전략 목표였다.

대상이 되는 나라들을 중심으로 본 당시 한반도 남부의 국제정세는 대체로 이런 구도였다. 지금의 전라도 방면은 아직까지 백제 세력권으로 편입되지 않은 마한의 잔여세력이 남아 있었다. 이들을 마저 백제 세력권으로 끌어들이는 게 1차적인 과제라고 할 수 있다. 물론 이것만으로 만족할 수는 없다.

지금의 경상도 방면은 신흥 강자로 부상하던 신라의 세력권이 형성되고 있었다. 여기에는 신라의 팽창에 눌려 있던 가야와 역시 그 영향으로 곤란을 겪던 왜가 관련되어 있다. 앞에서 살펴보았던 신라−왜 분쟁도 신라의 팽창 때문에 일어난 것으로 보면 큰 무리가 없다. 이 세력권 역시 유사시 어떻게 작용할지 모르는 일이다. 백제로서는 여기까지도 정리해둘 필요가 있었다.

전략 목표와 대상은 이와 같이 비교적 뚜렷하게 나오는 편이다. 하지만 이 목표를 직접 실현해 나아가는 것은 또 다른 차원의 문제이다. 여기서 목적을 이루어가는 과정에 있어서 근초고왕의 신중함과 치밀함이 엿보인다.

별로 관심이 크지 않았던 지역에 대해서는 현지의 사정을 파악하는 데에도 문제가 생긴다. 대체적인 윤곽은 몰라도 세밀한 부분까지 일일이 이해하기가 어렵다. 사정을 제대로 알지 못하고 일을 추진하는 게 예기치 못한 여러 가지 위험을 불러올 수 있다는 점은 더 강조할 필요도 없을 것이다.

이런 사정을 고려하여 근초고왕은 백제 요원들을 파견해서 치밀한 사전 조사를 시켰던 것 같다. 이즈음부터 갑작스럽게 백제와 근초고왕에 대한 기록이 많이 나타나는 데에서 이에 대한 시사를 받을 수 있다.

4세기 중반 한반도 남부 정세와 구저의 임무

《삼국사기》에 이상하리만큼 근초고왕 초기 기록은 물론 이에 상응하는 〈고구려본기〉의 기록도 없다. 20년 넘게 나타나지 않던 근초고왕의 활동이 갑자기 나타나는 건 A.D.360년대 중반에 들어서면서부터이다. 이즈음부터 《일본서기》에도 백제와의 교류 기록이 나타나기 시작한다. 구저久氐 등의 백제 요원이 가야 세력권 중 한 나라인 탁순卓淳에서 왜의 요원과 접촉했던 것이다.

이런 기록들이 360년대 중반을 기점으로 갑자기 많이 나타나는 게 우연은 아닐 것이다. 이 시기 백제의 움직임이 워낙 중요한 비중을 가지고 있었기 때문에, 이에 대한 기록도 이전의 기록처럼 소홀하게 취급해버리지는 못했다고 생각된다.

어쨌든 백제가 360년대 중반, 남방으로 진출하기 위해 무엇인가 부지

런히 꾸몄던 것은 분명하다. 그리고 이 때 파악된 정세는 대략 이렇게 정리될 수 있겠다.

세밀하게 들어가보면 더욱 복잡한 사정이 얽혀 있었겠지만, 백제의 입장에서는 전체 국면을 크게 둘로 나눌 수 있었다. 그 중 하나는 마한 지역이다.

마한 지역은 이미 구심점이 없어진 상태이며, 백제가 마한 지역에서 성장해온 나라이기 때문에 이 지역을 정복하는 데에는 어느 정도의 노하우가 축적된 상태이다. 따라서 그리 큰 문제없이 정복할 수 있을 것이라는 계산이 가능했다. 그래서인지 마한 지역에 대해서는 백제 요원이 정보수집에 나선다든지, 이 지역의 세력에 대해 사전공작을 한다든지 하는 움직임이 그리 복잡하게 나타나지 않는다.

하지만 또 다른 전역戰域이 될 수 있는 신라·가야 지역은 좀 달랐다. 이 지역은 일단 얽혀 있는 세력이 많다. 신라와 가야, 그리고 왜의 움직임까지 고려에 넣어야 했으며, 각각의 세력이 저마다 문제를 일으킬 수 있는 요소를 갖추고 있었다.

우선 신라가 만만치 않다. 4세기 중엽의 신라가 백제에 대항할 만한 나라가 아닌 것은 분명하다. 그렇지만 지금의 경상도 지역에서 부상하는 신흥강자였다. 이런 나라가 자신의 세력권을 호락호락 백제에 내어줄 리 없다. 이 지역에 무턱대고 밀고 들어가기만 하면 정복할 수 있을지는 몰라도 뒤처리까지 부드럽게 하기는 어렵다.

반면 가야와 왜는 신라와 입장이 조금 틀리다. 두 세력 사이에 공통된 입장은 모두 신라의 팽창으로 피해를 보고 있는 상황이라는 것이다. 신라의 팽창이 지속되는 한, 그에 비례해서 피해를 입을 수밖에 없다고 해도 과언이 아니다.

그렇다고 두 세력의 입장이 완전히 같은 것도 아니다. 왜는 기록상 100년 가까이 신라와 전쟁을 벌일 만큼 관계가 악화되어 있었다. 활발하게 침략을 한 만큼 큰 성과가 있었던 것도 아니다. 그러니 신라 세력을 물리쳐주기만 한다면 누가 내미는 손이든 덥석 잡을 수 있는 입장이다. 실제로 《일본서기》에는 백제와의 국교가 성립된 후 눈물을 흘리며 '조상들의 염원이 이루어졌다' 고 기뻐하는 신공황후의 모습이 그려져 있다.

하지만 그렇기 때문에라도 조심스럽게 다루면서 원하는 이권을 보장해주어야 한다는 부담이 생긴다. 손을 잡을 가능성이 가장 큰 대신 여러 가지 배려를 해주어야 했다는 것이다.

반면 금관가야를 비롯한 가야 세력은 신라 세력에 눌려 있었다는 점에서는 왜와 공통분모를 가지고 있었다. 하지만 그렇게 된 원인은 가야가 내분에 휘말렸을 때 신라의 원조를 받아 해결되었기 때문이다.

그래서 신라에 불만이 있어도 내놓고 분쟁을 벌일 입장이 못 되었다. 이 점은 다른 세력과 관계를 맺을 때에도 변수로 작용한다. 나중에 드러나지만, 그래서 가야는 왜처럼 덥석 백제에 접근할 입장이 되지 못했다.

백제는 이와 같이 다양한 세력의 복잡다단한 이권을 조정해가면서 남방으로 진출을 이루어내야 했던 것이다. 그래서 이 지역에 대한 정보를 수집하는 동시에, 사전에 각 세력과 접촉하면서 일종의 응수타진을 시도해야 했다.

백제인 구저久氐 등이 파견된 것은 이 때문이었다. 구저 등 백제 요원은 단순히 현지의 상황만 염탐하는 데에서 그치지 않았다. 그들은 백제의 진출에 협조해줄 만한 세력을 찾아 접촉 내지는 포섭을 시도하기도 했다. 이때 선택된 파트너가 왜였다.

물론 백제가 필요하다고 해서 왜와 선뜻 협조관계가 성립되는 것은 아니다. 왜쪽에도 백제가 필요할 이유가 있어야 한다. 왜에게 백제가 필요했던 사정을 이해하기 위해서는 우선 앞서 벌어졌던 상황을 상기해보아야 한다.

왜는 신라 때문에 대륙과의 교역을 차단당하고 있었다. 이를 타개하기 위하여 강·온 양면으로 갖은 압력을 다 넣어보았지만 신라는 왜의 압력에 별다른 반응을 보이지 않고 있었다. 결국 왜는 독자적인 힘만으로 문제를 해결할 수 없었다.

어차피 자신의 힘만으로는 신라의 방해를 극복하고 대륙과의 교역을 회복할 수 없었으므로 누군가 강력한 세력의 협조를 얻어야 했다. 왜의 입장에서 새로이 남방으로 진출해오는 백제만큼 조건이 맞는 세력도 없었다. 백제의 남방진출은 왜에게 하나의 기회로서 작용하게 된 셈이다.

더구나 왜는 정복대상도 아니다. 한반도에서 떨어져 있는 섬이라는 지정학적 특성 때문에 왜는 직접적인 정복대상에서 빠질 수밖에 없다. 그러면서도 수백 년간 교역을 지속해왔기 때문에 가야 현지에 대한 사정도 백제보다는 훨씬 자세하게 파악하고 있었다. 또한 가야 세력과의 친분관계도 일정 수준 유지되고 있는 상태였다. 이들의 협조를 얻는다면 정보 입수나 정복활동에 여러 가지 이점을 얻을 수 있다.

이렇게 해서 서로의 이익이 부합하는 두 세력이 협조하게 된 것이다. 백제와 왜의 요원은 가야제국 중 하나인 탁순卓淳에서 만났다. 이때 오고 간 구체적인 회담내용은 남아 있지 않지만 후에 벌어진 상황으로 볼 때, 가야 지역을 정복하기 위한 모종의 거래가 이루어졌음은 어렵지 않게 짐작할 수 있다. 왜가 백제의 가야정복에 전폭적으로 협조해주는 대신 백제는 왜의 최대현안인 교역문제를 해결해준다는 조건이었을 것이다.

이 시기를 전후하여 왜의 신라침공은 갑작스럽게 중단된다. 내물奈勿 9년364, 신라군의 매복과 기만전술에 걸려들어 희생만 치른 침공을 끝으로 이후 30년간 왜의 신라침공이 중지되는 것이다. 이것이 왜가 스스로의 힘으로 신라의 압력을 극복해보려는 마지막 노력이었다. 사실 침공을 해야 할 이유가 없어져버린 셈이니 당연한 일이다. 문제 해결은 백제의 못으로 남았다.

정복을 평화적으로

백제가 왜나 신라에 대해 이렇게까지 공들여 정지작업을 해놓은 진짜 목적은 가야 지역을 영향권에 넣자는 것이다. 사전에 주변의 세력을 정리해둔 이유도 여기에 있다.

근초고왕 24년에 해당하는 AD 369년은 바로 백제가 가야정복에 나선 시기다. 기록에 의하면 신라와 화친을 맺어둔 직후인 369년 백제군은 두 방면으로 나뉘어 행동을 개시했다.

가야 방면에서는 백제의 장군인 목라근자木羅斤資, 목라척자(木羅斥資)라고도 함가 왜병과 합류하여 비자벌比自㶱 · 남가라南加羅 · 탁국卓國 · 안라安羅 · 다라多羅 · 탁순卓淳 · 가라加羅 7개국을 평정했다. 여세를 몰아 남만탐미다례南蠻忱彌多禮 까지 정벌했다고 한다.

다른 쪽은 마한의 잔여세력이 있던 비리比利 · 벽중辟中 · 포미지布彌支 · 반고半古인 4읍, 지금의 호남방면이다. 이 방면에서는 근초고왕과 근구수近仇首 부자가 직접 군대를 지휘한 듯하다.

이 작전에서의 핵심은 마한 지역에 투입된 부대를 근초고왕과 근구수 부자가 직접 지휘하고, 가야 방면은 목라근자 부대와 왜군의 연합작전으로 처리한 것이다.

백제가 구상을 행동으로 옮긴 데에는 주변 세력뿐 아니라 가야 세력 자체가 어떻게 반응할지에 대해서도 나름대로 확신이 있었기 때문이다. 백제가 큰 저항 없이 작전을 수행할 수 있다고 믿었던 점은 가야와 마한 방면의 백제군 움직임에 반영되어 있다. 강력한 저항을 예상했다면 이런 식으로 병력을 나누어 작전을 벌일 생각을 하지 않는 법이다.

여기서 또 한 가지 의미심장한 점은 이 지역들이 치열한 전투를 통해 정복된 게 아니라는 것이다. 기록에는 가야 지역은 '평정', 마한 지역은 '자연항복' 등으로 묘사되어 있다.

물론 기록을 액면 그대로만 보자면 백제-왜 연합군이 탁순에 모여 신라를 격파한 것으로 되어 있다. 《일본서기》 신공기神功紀 49년에 '탁순에 모여 신라를 격파俱集于卓淳 擊新羅而破之' 라는 내용이 기록되어 있는 것이다.

그러나 이건 거짓임이 명백하다. 《삼국사기》에 따르면 신공 49년에 해당하는 AD 369년의 1년 전과 3년 전에 해당하는 AD 366년과 AD 368년 백제와 신라의 화친이 성립되었다. 그런데 이 화친이 깨어졌다는 근거가 없다. 오히려 화친은 상당 기간 유지되어 있었음이 드러난다.

이를 밝혀주는 게 독산성주의 망명사건이다. AD 373년 백제의 독산성禿山城 성주가 300명을 이끌고 와서 신라에 항복하였다. 신라에서는 그들을 받아들여 6부에 나누어 살게 했다고 한다.

그런데 이 사건을 두고 백제와 신라가 보이는 태도가 의미심장하다. 근초고왕은 '두 나라가 화친을 맺어 형제가 되기를 약속했었는데, 지금 대왕께서 우리의 도망한 백성을 받아들이니 화친한 뜻에 크게 어긋납니다. 이는 대왕이 바라는 바가 아닐 것입니다. 바라건대 그들을 돌려보내시오'라는 국서를 보냈다.

물론 신라는 이 요청을 거부했지만, 이 국서 중 '화친한 뜻에 크게 어긋난다'는 구절은 시사하는 바가 크다. 366년과 368년 맺어진 화친은 이 시점까지 유지되고 있었던 것이다. 당연히 369년에 백제–신라 간에 대규모 전투가 있었다고 볼 수는 없다.

여기서 《삼국사기》 기록에 더 신빙성을 두어야 한다는 점은 명백하다. 《삼국사기》 기록은 여러 기사가 동적動的으로 연속해서 나타나는 것이다. 반면 《일본서기》 신공기神功紀는 자체부터가 과장이 심한 기사이고 그에 나타나는 '탁순에 모여 신라를 격파' 운운하는 구절도 단편적인 표현에 불과하기 때문이다.

이렇게 보면 신라와의 전투가 없었음은 확인될 수 있을 것이다. 싸움이 벌어졌다고 기록했던 신라와의 전투가 거짓말이니, 이 내용이 나타난 기록은 처음부터 거짓말로 시작한 셈이다. 이렇게 유추해보면 전투가 있었다는 기록과 없었다는 기록 중 어느 쪽을 선택해야 하는지 명백해진다. '평정'이나 '자연 항복'을 해왔다고 적혀 있는 가야나 마한 지역에서는 거의 전투다운 전투가 없었다고 보아야 한다. 나중에 백제의 성왕이 이때 백제와 가야 여러 나라 사이의 관계를 두고 '부형父兄과 자제子弟의 관계' 운운한 것도 이러한 상황을 근거로 한 것이다.

힘보다 이권조정을 통하여

그러면 이렇게 평화로운 정복이 가능했던 배경은 무엇일까? 마한 지역이야 어차피 오래 전에 구심점이 무너져버린 상태에서 잔여세력이 현실을 인정한 것이라 볼 수 있다.

그렇지만 가야 지역은 이보다 조금 복잡하다. 일단 가야도 백제와 협력할 만한 여건은 된다. 그러나 아무리 가야가 신라에 반감을 가지고 있다 하더라도 새로운 정복자에게 일말의 불안이 없을 수 없다.

사실 정복자라는 존재는 피정복자에게 베풀기보다 착취해가는 존재라는 게 상식적인 인식이다. 그러니 낯선 정복세력에 본능적인 불안을 가지는 건 당연하다. 그렇기 때문에 정복자가 피정복 지역에 뭔가 타협적인 정책을 구상하더라도 이런 불신 때문에 의도대로 풀리기가 어렵게 되는 경우가 많다.

그럼에도 불구하고 이 시기 가야는 별다른 저항 없이 백제 세력권에 흡수되었다. 그 원인은 가야 지역에 있던 나라들 자체의 사정에서 찾을 수 있다.

가야의 입장에서는 내분으로 맹주가 신라에 원조를 요청하게 된 이른바 포상팔국의 난 이후 이미 신라에게 지역의 패권을 빼앗긴 상태였다. 이 지역의 패권이 누구에게 넘어가건 힘을 쓸 수 없는 처지였다.

또 어떻게 보면 가야의 입장에서는 신라에서 백제로 패권이 넘어간다고 해도 더 이상 잃을 것이 없었다. 오히려 새로운 세력인 백제가 신라보다는 좀 나은 정책을 펴줄 수도 있다는 기대까지 할 수 있었다. 그렇기 때문에 백제와 협조하는 것이 차라리 낫다는 판단을 할 법했다. 실제로 탁순 같은 나라는 왜와의 접촉을 주선할 정도로 은근히 백제 측에 협조적이었던 것 같다.

나중에 백제의 성왕이 이때 백제와 가야제국 간의 관계를 두고 '부형父兄과 자제子弟의 관계' 운운한 것도 이러한 상황을 근거로 한 것이다. 이런 정책 덕분에 백제는 마한 잔여세력이나 가야제국을 쉽게 백제 세력권에 흡수할 수 있었다.

가야와의 관계가 이렇게 복잡·미묘한 측면이 있었기 때문에, 여기서 백제가 왜를 앞세운 점도 의미심장하다. 사실 왜군이 전력에 크게 도움이 되는 수준이 아니다. 그럼에도 불구하고 왜군을 앞세운 건 다른 이유가 있어서였다. 이게 알고 보면 고도의 심리전이라는 측면이 있다.

가야 지역의 나라들에게 백제는 아무래도 낯선 나라이다. 낯선 존재에 대해 막연하게나마 불안감을 느끼는 점은 개인이나 나라나 똑같다. 그러나 친숙하게 지내왔던 존재가 낯선 존재에 대해 좋은 이미지를 심어주면서 잘 지낼 것을 종용한다면 불안감은 크게 줄어들게 마련이다. 왜는 이런 역할을 할 수 있는 것이다.

백제는 이미 구저 등의 거래를 통하여 왜의 이권을 보장해주며 설득해놓은 상태다. 그런 왜는 이전부터 가야와의 교류가 활발했던 세력이다. 쉽게 말해서 가야 지역의 나라와는 안면이 있는 상태라는 뜻이다. 설득도 낯선 사람이 하는 것보다 평소 친분이 있는 사람이 해주면 훨씬 쉽다.

왜는 정치적으로도 가야와 비슷한 입장에 서 있었다. 비슷한 정서와 입장을 가진 사람의 말은 다른 입장을 가진 사람에 비해 훨씬 더 설득력을 가진다. 나라 사이의 일이라고 크게 다를 것은 없다. 같은 입장에 있는 나라가 앞장서서 이런저런 이익이 있음을 설득해주면 정복자의 입장에서 위압적으로 협박에 가까운 설득을 하는 것보다 훨씬 솔깃하게 들린다. 백제에 있어서 왜는 가야의 나라들에게 바로 이런 역할을 해줄 수 있는 존재였다.

그래서인지 369년 이후, 왜에게 두둑한 보너스가 주어졌다. 계획이 성공한 후 백제 근초고왕은 '전에 없던 귀중한 것이니 후손에게 물려줄 수 있도록 잘 간직하라'는 당부와 함께 왜왕에게 칠지도를 보내주었다.

성의를 표시한 것이다. 그냥 상징적인 성의 표시로 끝나지도 않았다. 시기가 정확하지는 않지만 아직기阿直岐나 왕인王仁 등 백제인이 파견되는 것도 이 무렵이다. 왜에게는 나름대로 시급한 현안이었던 선진문물의 도입을 백제가 해결해주기 시작한 것이다.

칠지도란 일본의 나라 현奈良縣 덴리 시天理市에 있는 이소노카미 신궁石上神宮에 전해오는 철제 칼이다. 전체 길이가 약 83센티미터 정도로, 칼 몸체의 좌우에 작은 가지가 3개씩 서로 어긋나게 붙어 있다. 칠지도라는 명칭은 6개의 작은 가지에다 칼 몸체를 더하여 '칠지七支'라고 이름을 붙인 것으로 생각된다. 이처

칠지도. 백제, 372년, 길이 83.9 cm, 일본 소장. 칠지도에는 칼 몸체 양면에 금상감 명문이 새겨져 있다. 대부분의 글자가 허물어진 부분이 적지 않아 해독하기가 어렵지만, '백제왕'이나 '왜왕'이란 글자의 존재는 확인되었다. 이 칠지도는 백제에서 왜로 보내졌다.

럼 독특한 형상을 한 칼은 다른 데서는 전혀 찾아볼 수 없는 아주 희귀한 것이다.

게다가 칠지도의 자료적 가치를 더욱 높이는 것은 칼 몸체 양면에 새겨진 금상감 명문金象嵌銘文이다. 칼 표면에 홈을 파고 그 홈을 금으로 메워서 글자를 새긴 것이 금상감 명문이다. 대부분은 금이 떨어져나가거나 또는 녹이나 부식 때문에 글자 선이 허물어진 부분도 적지 않아서 해독하기가 그리 쉽지 않다. 그러나 판독 가능한 글자 중에 백제왕이나 왜왕이라는 글자의 존재가 확인되었으며, 이 칠지도는 백제에서 왜로 보낸 것이라는 사실이 밝혀졌다.

전쟁을 막기 위한 무력시위

이렇게 해서 백제는 마한과 가야 지역을 전력 소모 없이 세력권에 넣을 수 있었다. 그러면 혹자는 무엇 때문에 백제가 군대까지 동원했겠느냐고 생각할지 모른다. 얼핏 대단한 모순인 것처럼 보일 수도 있다.

하지만 세상일은 그렇게 단순한 논리로 돌아가는 게 아니다. 가야 지역을 평화적인 방법으로 세력권에 넣을 수 있었다고 해서 가야 지역 정복에 군사력이 필요 없었다는 뜻이 되는 건 아니라는 의미이다.

가야 세력은 어차피 신라에 반감을 가지고 있으니 외교적으로 해결할 수 있지 않았겠느냐는 생각을 할 수 있다. 그래서 백제가 굳이 병력을 동원할 필요가 없지 않았겠느냐는 발상이 나온다고 할 수 있다. 그렇지만 그게 그렇게 쉽지는 않다.

가야 지역의 나라들이라고 자신들의 입장이 없을 수 없다. 이런 입장 차이가 외교적으로 조정되려면 엄청난 시간과 노력을 들여야 한다. 사실 백제가 추구하는 것도 다른 나라의 독립과 자존을 지켜주는 자선 사업이 아니다. 국제정세를 자신에게 유리한 구도로 만들어보자는 의도를 실현시키는 것이다.

그렇기 때문에 백제 주도로 가야와 관계를 맺어간다면, 어떤 식으로든 가야에 속한 나라들의 자주성을 손상시킬 수밖에 없다. 이런 걸 외교적인 방법으로만 실현시키는 데에는 한계가 있다.

또 가야 각국의 내부 사정도 고려해야 한다. 범국가적으로는 백제와의 협력이 필요한 상황일 수도 있지만, 자신들의 이익이 범국가적 이익과 별개인 세력은 어디서나 존재하기 마련이다. 이들이 백제와의 협력에 반대하고 나서면 상황이 복잡해진다.

백제의 입장에서는 시간적으로도 문제가 생길 뿐 아니라 원하는 방향으로 상황을 유도하기도 어렵다. 따라서 평화적인 관계를 맺으려 한다 해도 이렇게 예상되는 난제들을 쉽고 빠르게 해결하기 위해서 무력시위는 필수적이다. 이럴 때 무력시위는 그런 반대를 누르는 명분으로 작용하게 되는 것이다.

백제가 싸울 생각이 별로 없으면서도 굳이 병력을 동원해야 했던 것도 이런 측면에서 이해해야 한다. 이건 서양 제국주의 세력이 밀려들어 오던 시대인 근대사에서도 엿볼 수 있다. 평화적인 통상을 요구하는 서양 세력이 먼저 군함을 끌고 와 무력시위부터 하는 수법 말이다.

사실 낯선 세력이 평화적인 관계나 통상·교류 등을 원한다 하더라도 상대의 입장에서는 의구심을 갖지 않을 수 없다. 단순한 의구심에서만 그칠 문제가 아니다. 평화적인 관계나 통상도 어떤 식으로 하느냐에 따라 결과에 천지 차이가 날 수 있다. 당연히 첫 단추부터 자신에게 유리하게 만들고 싶어 한다. 여기서 입장 차이가 커지면 관계 자체가 파탄이 날 수 있다.

이럴 때 무력의 우위는 상대를 압박하는 카드가 될 수 있다. 비록 평화적인 관계를 맺는 것이라 해도 무력으로 위협해대는 상대의 요구를 들어주지 않고는 배기기 어렵다. 그렇기 때문에 자신이 원하는 관계를 관철시키며 상대의 문호를 개방시키려면 무력시위는 어쩔 수 없는 선택이 된다. 아무리 시대가 바뀐다 해도 이런 생리는 필연적인 것 같다. 이런 게 모순이 아닌 이율배반적 논리다.

하지만 그렇다고 해도 근초고왕의 타협정책은 높이 살 만하다. 위협만으로 목적을 달성하는 건 무리가 따른다는 걸 잘 알고 있었다는 뜻이다. 예나 지금이나 이런 원리를 무시하고 힘으로만 상대를 굴복시키려는 세력이 존재한다. 그래서 벌어지지 않아도 괜찮을 전쟁이 쓸데없이 일어나기도 한다.

백제는 공연한 전쟁을 벌일 필요가 없다는 원리에 충실했던 것 같다. 정복대상들을 군사적으로 분쇄해버려야 할 상대로 생각하지 않고 오히려 적극적으로 협조를 얻어야 할 상대로 여긴 것이다.

무엇보다 평화적인 관계란 상대의 자발적 참여를 유도할 필요가 있다. 유리한 관계를 맺는다 하더라도 상대가 전혀 얻을 게 없는 관계여서는 곤란하다는 것이다. 그리고 이 점을 상대가 납득하게 설득시키는 것도 중요하다.

백제는 정복한 마한 잔여세력이나 가야소국들에게 정치적으로 타격을 주는 조치를 취하지 않은 듯하다. 이들의 자발적 협조를 얻기 위해서였을 것이다. 기존 지배세력도 그대로 인정해주고 백성들도 강제로 이주시키는 등의 조치 없이 그대로 살게 해주었던 것이다.

어떻게 보면 정치·문화적 기반이 다른 지역을 지배하려 할 때에는 이런 방식이 효율적일 수도 있다. 정복지역을 직접 통치하려면 기존의 지배기구를 대체할 인적·물적 자원이 필요하다. 또 정복지역에 파견된 이들과 본국과의 연락도 긴밀하게 이루어져야 한다. 교통과 통신이 불편했던 시기에 상당한 자원과 시간을 투자해야 하는 것은 부담이 될 수밖에 없다.

그보다 기존의 지배세력에게 자치를 하도록 해주고 일정한 정도의 협조만 요구한다면 직접 통치하는 데 비해 큰 부담을 질 필요가 없다. 인구가 얼마 되지 않았던 몽고가 세계에 걸친 대제국을 유지할 수 있었던 것도 바로 이러한 간접통치 방식을 적용했기 때문에 가능했던 것이다.

백제는 손아귀에 들어온 세력들에게 이렇듯 아량을 베풀어가며 협력을 구하는 정책을 폈다. 이런 정책 덕분에 왕과 태자가 나서서 백제 왕실의 위엄으로 정복사업을 벌였던 마한 잔여세력은 물론, 가야 지역까지도 전력의 손실 없이 단순한 무력시위만으로 백제 세력권에 흡수할 수 있었던 것이다. 이런 정책은 이후 백제 중심의 동맹체를 만들어 나아가는 데에도 결정적인 도움이 되었다.

고구려의 견제

근초고왕의 전략에는 나름대로 치밀한 계산이 있었고, 그 덕분에 애초

의 구상 거의 그대로 실행되었다고 해도 과언이 아니다. 그렇지만 아무런 방해도 받지 않고 싱겁게 성공할 수는 없었다.

백제의 팽창정책은 처음부터 고구려를 의식한 것이었다. 그러니 반대로 고구려의 입장에서는 가만히 앉아서 백제의 팽창을 지켜볼 수만은 없었다.

'사촌이 땅을 사면 배가 아프다'는 속담은 남이 잘 되는 걸 싫어하는 심리를 표현한다. 도의적으로 이런 심리는 비난을 산다. 그렇지만 정복국가 시대에는 도덕 같은 것이 통할 리가 없다. 글자 그대로 정복하지 않으면 정복당하는 시대인 것이다. 이럴 때 남 잘되는 걸 멀거니 보고만 있으면 그렇게 잘된 남이 언젠가 나를 위협해오기 십상이다.

백제가 남방을 세력권에 넣는다면 이것이 장래 고구려에 잠재적인 위협으로 작용하리라는 점을 알아보는 데 예언자적인 능력 같은 건 필요 없다. 그런 후환을 막기 위해서는 어떻게든 견제를 해두어야 했다.

369년 9월 고구려가 백제의 북쪽 변경을 침략하게 된 이유는 바로 이렇게 후환을 막기 위한 견제라는 데에서 찾을 수 있다. 그런데 충분한 이유가 있는 견제작전이었음에도 불구하고 그 작전과정을 보면 뭔가 허술해 보인다. 다음 기록을 보자.

가을 9월에 왕은 군사 2만 명으로 남쪽으로 백제를 정벌하여 치양雉壤에서 싸웠으나 패하였다.

- 《삼국사기》 〈고구려본기〉 고국원왕 39년

가을 9월에 고구려 왕 사유斯由가 보병과 기병 2만 명을 거느리고 치양雉壤에 와서 진을 치고는 군사를 나누어 민가를 약탈하였다. 왕이 태자를 보내 군사를 거느리고 지름길로 치양에 이르러 고구려 군사를 급히 쳐서 깨뜨리고 5천여 명을 죽이거나 사로잡았는데, 그 사로잡은 적虜獲들은 장수와 군사들에게 나누어주었다.

- 《삼국사기》 〈백제본기〉 근초고왕 24년

이에 앞서 고구려의 국강왕國岡王 사유斯由, 고국원왕가 친히 쳐들어왔다. 근초고왕이 태자를 보내 이를 막게 하였다. 태자가 반걸양半乞壤에 이르러 장차 싸우려 하였다. 고구려사람 사기斯紀는 본래 백제 사람이었는데 잘못하여 왕이 쓰는 말國馬의 발굽을 상하게 하였다. 그는 죄를 받을까 두려워서 고구려로 도망하였다가 이때 돌아와 태자에게 말하였다.

"저쪽의 군사가 비록 많기는 하나 모두 숫자만을 채운 허위의 군사疑兵일 뿐입니다. 날래고 용감한 자들은 오직 붉은 깃발의 부대뿐입니다. 만일 먼저 이를 깨뜨리면 그 나머지는 치지 않아도 저절로 무너질 것입니다.”

태자가 그 말을 좇아 나아가 쳐서 크게 이기고는 도망쳐 달아나는 자들을 추격하여 수곡성水谷城의 서북에 이르렀다.

– 《삼국사기》〈백제본기〉근구수왕 원년

이 작전에는 병력이 2만이나 동원되었고, 고국원왕이 친히 지휘하기까지 했다. 그럼에도 불구하고 고구려군이 한 일이라고는 민가를 약탈하는 것뿐이었다. 겨우 민가 약탈이나 하려고 이렇게 대규모 병력을 동원해서 고국원왕이 직접 지휘했다는 건 뭔가 이상하다.

반면 백제 측에서는 근초고왕이 직접 나서지도 않았다. 태자太子였던 근구수가 나섰을 뿐이다. 그럼에도 불구하고 고구려군은 참패하고 물러났다.

그렇게 된 이유는 간단했다. 근구수왕 원년 기록에 보이듯이, 고구려군은 소수의 정예병력을 제외하고는 질이 떨어지는 병력으로 숫자만 채웠기 때문이다.

위 기록에 의하면 백제 출신인 사기斯紀라는 자가 군용 말왕이 쓰는 말에 상처를 입히고는 처벌이 두려워 고구려로 도망갔다가 이 때 다시 백제로 돌아왔다고 한다. 이런 종류의 망명객들은 망명지에서의 입지 확보를 위해 쓸모 있는 정보 한두 개쯤은 가지고 가게 마련이다. 그 정보가 ‘적색

복장을 하고 있는 정예부대만 격파하면 나머지는 저절로 무너져버린다'
는 것이었다.

오합지졸을 동원한 사실이 고구려와 백제 사이를 도망 다니던 자에 의
해 들통난 것이다. 그랬기 때문에 근구수는 입수한 정보에 따라 정예부
대에 공격을 집중했고, 소수의 정예부대가 무너지자 나머지 병력은 사기
가 죽어 싸워보지도 않고 무너진 것이다.

허당 고구려?

그러면 무엇 때문에 고국원왕은 이렇게까지 허술한 작전을 강행했던
것일까? 앞뒤 사정을 생각하지 않고 보면 고국원왕의 실책으로 보일 수
도 있을 것이다. 앞서 모용씨가 쳐들어왔을 때에도 병력 배치를 잘못하
여 수도가 함락되었다는 기록까지 있으니, 고국원왕이 천지 분간 못하고
실책이나 남발했던 무능력자로 비칠 수도 있다.

하지만 고구려군의 움직임을 조금만 상세히 살펴보자. 그러면 고구려
군의 작전 목적 자체가 주요 전략거점을 노리는 전면전이 아니라는 점은
쉽게 간파할 수 있다.

물론 이 작전이 백제의 심장부를 노리는 전면전이라는 주장이 없는 건 아니다. 하지만 그런 주장을 하는 사람들은 고구려군이 치양에 주둔하면서 백제의 민가나 약탈하고 있었다는 점을 애써 간과하고 있다. 전면전을 감행하려는 군대였다면 이런 식으로 공격을 했을 리가 없다.

오히려 이렇게 한가한 짓을 하고 있었다는 점에서 고국원왕의 의도를 엿볼 수 있다. 고구려군이 굳이 민가나 약탈하며 '시간낭비'를 하고 있었던 이유는 고구려의 전략목표 자체가 백제를 어떻게 해보겠다는 것이 아니었기 때문이다.

고구려의 입장에서는 남방에서 벌어지고 있는 백제의 작전을 방해하는 것으로 충분했다. 다시 말해서 남방에 투입된 백제군을 북쪽 전선으로 흡수하여 남방에서 전략목표를 수행하는 데 타격을 주면 고구려의 목적은 일단 달성된다는 것이다.

이렇게 보면 고국원왕이 왜 허술한 작전을 강행했는지 이해할 수 있다. 고국원왕은 남방에 투입된 백제군이 회군하도록 유도해서 남방정복 사업을 훼방하는 것이 1차적인 목표였다. 목적 자체가 그렇다면 굳이 방어시설이 잘 되어 있는 전략거점을 공격하는 위험부담을 질 필요가 없었던 것이다.

굳이 모험적인 작전을 수행할 필요 없이 북쪽 국경에서 말썽만 일으켜주면 된다. 이것만으로도 고구려군의 약탈에 시달리는 백제 백성들의 원성이 높아질 것이고, 백제도 어떤 식으로든 이를 해결해야 할 입장에 처할 것이기 때문이다.

작전목표가 그렇기 때문에 굳이 정예부대를 동원할 필요도 없다. 급조된 오합지졸은 전투에 별 도움이 되지 않지만 약탈이라면 얘기가 다르다. 비무장 상태의 민간인들을 상대로 하는 약탈이라면 군기가 엄정한 정예부대보다는 엉망인 부대가 더 잘할 수도 있다. 그러니 군대를 훈련시키고 정비하는 데 시간과 노력을 기울일 필요가 줄어든다.

그럴 만큼 이 작전에서 중요했던 것은 타이밍이었다. 군대를 정비하기 위해 차일피일 시간을 끌게 된다면 남방에서 벌어지고 있던 백제의 정복사업이 마무리 지어지는 수가 있다. 그렇게 되어버린다면 고구려가 애써 군대를 일으켜 견제하는 의미가 없다.

따라서 이 작전에 관한 한, 고구려군 자체의 정비는 둘째 문제다. 오합지졸이라도 얼른 모아서 숫자부터 채우고 봐야 한다. 근구수가 이끄는 백제군과의 전투에서 드러났듯이, 고구려군 자체에 약점이 많았던 이유는 여기에 있었던 것이다.

천하의 고구려가 이렇게까지 허술한 군대를 동원해야 했던 이유가 의아할 수도 있으나, 당시 고구려의 사정을 생각해보면 무리도 아니다. 당시 군대는 지금처럼 잘 정비된 동원체제가 있고 훈련된 상비군이 유지되는 시대가 아니다.

항상 전투 준비가 잘 되어 있는 부대는 왕을 호위하기 위해 수도에 배치되는 수천 정도가 고작이라고 보아야 한다. 나머지 병력은 평소 생업에 종사하는 농민들을 동원해서 급조된 부대에 불과하다. 훈련상태가 형편없는 만큼 군기와 장비가 열악하다. 급하게 병력을 동원하다보면 이런 부대가 될 수밖에 없다.

여기에 남방에만 전력할 수 없었던 고구려의 상황도 작용했다. 백제와 전쟁을 벌이기 전부터 북쪽에서 모용씨의 침공을 받아 수도까지 함락되는 등 이미 만신창이가 되어 있는 상태였다.

농민을 동원하더라도 상당기간 준비와 훈련을 시키면 군대로서의 질을 향상시킬 수 있다. 하지만 당시 고구려의 상황에서는 전쟁에 시달려온 백성들을 기약도 없이 장기간 병영에만 묶어두기가 곤란했다. 따라서 각자의 생업에 종사하게끔 풀어주어야 했다. 이런 상태에서 급히 병력을 동원한 셈이니 미리 준비한 부대에 비하여 훈련상태나 사기가 좋지 않음은 당연했다. 문제가 생기지 않는 게 오히려 이상한 일이다.

백제와의 전선에서는 장기간 대치하기만 했을 뿐 이때까지 대규모 전투가 있었던 적도 없다. 전투경험이 풍부한 정예병력이 배치된 전선이 아니었다는 것이다. 이런 전선에 갑작스럽게 병력을 모으다보면 졸속이 드러나고, 졸속으로 병력을 동원하다보면 전투력이 떨어지기 마련이다.

이런 사정 때문에 고구려가 동원한 병력은 일부 정예병력을 제외하고는 숫자만 채운 허수아비에 불과했다. 이런 수준의 병력으로 전면전을 수행하기는 부담스럽다. 이 때문에라도 고국원왕은 백제에 압력을 넣는 것 이상의 전략을 구사하기 곤란했던 것이다.

남방 정복 사업의 마무리

고구려군이 이렇게 오합지졸을 동원했던 이유가 타이밍을 놓치지 않기 위한 것이었음에도 불구하고 결과적으로 백제에게는 별다른 타격을 주지 못했다. 그렇게까지 된 이유는 고구려의 실책에서 찾기보다 근초고왕의 용의주도한 준비에서 찾아야 할 것 같다. 사실 고구려의 입장에서는 백제가 무슨 구상을 해서 언제 어떻게 행동에 옮길지 알 수가 없다.

요즘처럼 정보수집 수단이 발달된 시대도 아니다. 백제군의 동원이 간파된다 해도 그 의도와 움직임을 제대로 파악하기가 어렵다. 그러니 백제가 남방에서 행동을 개시하고 나서 한참이 지난 후에야 사태를 파악할 수밖에 없다.

아무래도 주도면밀하게 준비하고 신속하게 행동한 백제에 대해 제때 대응하기 어렵다. 고구려는 369년 9월에 가서야 침공을 개시하게 되는 데, 백제와 왜가 3월경부터 움직이기 시작했다는 점을 감안하면 너무 늦은 시기이다. 결국 정보의 입수가 늦었거나 사태를 파악하고 실행하는 데에서 늦었던 것이다.

고국원왕으로서는 백제군이 자신과 맞서 싸우러 오는 것만으로도 성공이라고 판단했을 수도 있다. 실제로도 백제는 태자인 근구수가 사태해결을 위해 병력을 이끌고 와서 고구려군을 맞아 싸우도록 유도하는 데까지는 성공했다.

하지만 결과적으로는 오산이었다. 백제는 남방에서 이미 목적을 달성해놓은 상태였다. 그러므로 근구수가 이끄는 기동부대 일부가 빠져나갔다고 해서 남방을 세력권에 넣는다는 기본목표에 타격을 줄 정도가 되지 못했다. 애써 병력을 동원하기는 했지만 결국 백제의 정복사업에 타격을 주지도 못하고 패전하는 망신만 당해버린 셈이다.

이 전투에서 백제군은 패주하는 고구려군을 쫓아 수곡성水谷城의 서북쪽까지 추격했다. 백제군이 그 이상 뒤쫓지 않은 이유도 고구려군의 반격 때문이 아니라 장군 막고해莫古解의 만류 때문이었다.

막고해는 "일찍이 도가道家의 말에 '만족할 줄 알면 욕되지 않고 그칠 줄 알면 위태롭지 않다'고 하였습니다. 지금 얻은 것도 많은데 너무 욕심낼 필요가 없습니다"라고 하며 추격을 만류했다. 근구수도 "누가 다시 여기에 이를 수 있겠는가?"라고 하며 백제군이 여기까지 진격했다는 표시를 하는 것으로 만족하고 말았다.

사실 백제의 입장에서는 고구려와 시비나 하고 있을 시국이 아니다. 백제 역시 고구려에 대해 쓸데없이 모험할 필요를 못 느꼈던 건 애초부터 여기서 고구려를 끝내버릴 수 없다는 걸 잘 알고 있었기 때문이다. 그래서 남쪽으로 눈길을 돌렸던 만큼, 이 장면에서는 기왕에 투자를 해놓은 남방 경영에 전력해야 했다.

고구려의 견제를 받으면서도 태자인 근구수가 지휘했던 일부 기동부대만 이동하고 근초고왕은 가지 않았던 이유도 여기에 있다. 남아서 해야 할 일이 산더미같이 쌓여 있었던 것이다.

백제가 남방에 눈을 돌린 목적 중 빼놓을 수 없는 요소가 군사적으로 유리한 환경을 조성하자는 것이다. 정복국가 시대에 생존에 가장 중요한 요소이니 군대까지 동원한 국가적 차원에서의 전략에 이게 빠질 수는 없다. 즉 남방의 여러 나라들을 세력권에 넣는다는 의미 역시 유사시 군사동맹으로 이용한다는 뜻이 크다.

그런데 이것이 생각보다 간단한 작업이 아니다. 난제는 역시 가야 지역에서 나타난다. 같은 세력권 안에서 성장한 백제와 마한에 비해 변진 세력에서 발전한 가야는 아무래도 이질감이 크다. 그러니 마한 잔여세력처럼 백제라는 나라에 직접 흡수하기는 어렵다.

어느 정도 정치적 독립은 인정하는 쪽으로 정책방향을 잡아야 한다.

문제는 그러자니 또 곤란한 부분이 생긴다는 것이다.

지금도 가야의 여러 나라에 대해 '가야' 라는 한 덩어리로 뭉뚱그려 부르는 경향이 있다. 그래서 마치 가야가 한 나라인 것처럼 착각하는 경향도 있지만, 실제로 가야는 10여 개의 독립국가로 이루어져 있었다. 이 나라들을 일일이 백제의 의도대로 통제한다는 게 그리 쉬운 건 아니다.

여기서 백제가 고안해낸 방법이 이들을 통합된 조직으로 묶는 것이다. 여러 개의 독립국가들을 통합된 조직으로 묶는 효과는 제2차 세계대전 이후 미국이 나토NATO를 만든 이유를 생각하면 쉽게 이해가 갈 것이다.

이런 조직을 만들지 않고 10여 개나 되는 나라들을 조종하자면 끔찍하다. 하나의 안건을 처리하는 데에도 그 나라들에 일일이 요원을 파견해 협의해야 한다. 한번에 협의가 되는 경우도 드무니, 본국에 보고하고 지시를 내리는 과정에 각 나라들 사이에 얽히고설킨 이권을 조정하는 과정은 생각만 해도 번거롭다.

여러 나라를 조종하겠답시고 이렇게 복잡한 일을 한 나라가 떠맡는다는 것은 비효율적인 정도가 아니라 현실적으로 불가능하다. 특히 시급하게 처리해야 하며 많은 무리가 따르기 마련인 군사문제는 이런 식으로 처리해 가지고서는 될 일이 없다.

그러나 이 나라들을 한데 모아놓으면 난제가 단번에 해결된다. 모인 자리에서 협의·조정해서 결론까지 내리도록 요구하면 된다. 이걸 주도하는 나라는 뒤에서 자기들끼리 갑론을박하며 논의하는 걸 감독하고 통제하는 것으로 충분히 목적을 달성할 수 있다. 미국이 수십 년 동안 서유럽 여러 나라들을 군사적으로 통제할 수 있었던 노하우도 알고 보면 이런 것이다.

백제는 미국보다 1500년 전에 여러 개의 독립국가를 한꺼번에 조종하는 방법을 터득해서 실행했던 셈이다. 여기서 그 역할을 일일이 설명할 수는 없지만, 필자는 이른바 '임나'가 군사적인 측면에서는 나토 같은 역할을 했던 걸로 생각한다. 여기에는 왜의 대표부격인 '임나일본부'도 포함시켰던 것 같다. 이런 조직을 만들어두면 바다 건너 왜같이 이질적인 집단도 유사시 이용하기가 편하기 때문이다.

임나는 백제가 관리했다

백제가 가야 지역을 장악하기 이전에도 가야가 이런 연맹체를 구성하는 단계까지는 갔다고 보는 것이 보통이지만 임나라는 연맹체는 좀 더 특별한 의미를 가진다. 특이한 형태는 크게 두 가지로 나타난다.

첫째 임나가 가야제국의 연맹체임에도 불구하고 궁극적으로 임나를 통제했던 세력은 백제였다는 점이다.

이 점을 결정적으로 보여주는 기록이 아버지와 아들 사이였던 목라근자와 목만치에 대한 내용이다. 목만치의 아버지인 목라근자는 근초고왕때 백제가 가야 지역을 평정하는 데 참여했던 백제의 장군이다. 그 내용은 이렇다.

> (상략) 백제왕은 나이가 어렸으므로 목만치木滿致가 국정을 장악했는데, 왕의 어머니와 서로 정을 통하여 무례한 행동이 많았다. 천황은 이 말을 듣고 그를 불렀다. 백제기百濟記에 '목만치木滿致는 목라근자木羅斤資가 신라를 칠 때에 그 나라의 여자를 아내로 맞아 낳은 사람이다. 아버지의 공으로 임나의 일을 전담하다가 우리나라로 들어왔다. 일본貴國에 왕래하다 천조天朝의 명령을 받들어 우리나라의 국정을 장악했는데, 권세가 세상을 덮을 정도로 높았다. 그러나 천조天朝에서는 그의 횡포함을 듣고 그를 불렀다' 라고 되어 있다.
>
> — 《일본서기》 10 응신기 25년

이 기사에서 주목되는 것은 '아버지의 공으로 임나의 일을 전담했다以其父功 專於任那' 라는 대목이다. 아버지인 목라근자의 공으로 아들인 목만치까지 임나의 일을 전담했다는 내용이다. 그만큼 임나에 대한 목라근자의 영향력이 대단히 컸음을 말해준다.

그 자신뿐 아니라 아들 대에까지, 임나에 대해 막강한 영향력을 가질 수 있었던 이유도 바로 목라근자가 가야 지역에 대한 평정작전에 참여했기 때문이라고 보아야 할 것이다. 백제의 장군이 임나에 이런 정도의 영향력을 가질 수 있었다는 사실에서 임나에 대한 백제의 영향력이 어느 정도였는지 알 수 있다.

'임나'라는 말이 어떤 계통의 역사책에 나타나는 문제도 시사하는 바가 크다. 신라가 남긴 기록이 주축일 수밖에 없는 《삼국사기》에는 '임나'라는 말이 극도로 절제되고 있다. 반면 백제가 남긴 기록을 참고했던 《일본서기》에는 이 말이 집중적으로 나타나고 있다. 그만큼 백제와 임나가 상당히 밀접한 관계를 가지고 있었기 때문이라고 볼 수 있는 것이다.

임나 관련 기록에 나타나는 또 한 가지 특징은 중요한 일이 있을 때 가야제국의 대표자들을 소환했던 사람이 백제왕이었다는 사실이다. 상식적으로는 운영의 주체가 되어야 할 소속 국가 대표자들의 모임이 백제왕에 의하여 소집되고 있는 것이다. 그만큼 백제가 임나 조직 자체를 장악하고 있었다는 점을 확인할 수 있다.

이와 함께 이 문제를 언급하는 성왕의 말 중에 근초고왕과 근구수왕대 백제와 가야제국과의 밀접한 관계를 강조하는 점도 주목된다. 성왕은

'임나를 재건하자' 면서 '임나한기' 들을 소환했다.

성왕이 그들을 설득하며 했던 발언 중 거듭해서 초고왕 · 귀수왕대 백제와 임나가 '자제子弟의 관계' 를 맺었음을 강조하는 내용이 나타난다. '아들이나 동생 같은 관계' 라는 것 자체가 평등하지는 않은 관계를 암시한다. 결국 백제가 우위에서 임나를 통제했다는 뜻이다.

물론 성왕이 6세기 사람이니 백제와 임나의 관계도 그때의 관계일 뿐이지 그 이전에도 그랬다는 보장이 없지 않느냐고 하는 사람이 있을지 모르겠다. 하지만 그렇지 않았음을 시사하는 부분이 있다.

일단 성왕은 백제와 임나 관계의 기원을 근초고왕 때로 지목하고 있다. '재건', '부흥' 이라는 용어 자체도 근초고왕 때의 기원과 연결되어 있다. 그러므로 '임나재건' 이 6세기 중엽의 일이었다 하더라도, 임나에 대한 주도권을 백제가 행사하는 내용이 6세기 중엽에만 국한된 것이라고만 여길 필요는 없다.

임나라는 단어가 5세기 초나 되어서야 나타나는 것도 5세기에서 멀지 않은 시점인 4세기 중 · 후반에 임나가 생겼기 때문일 것이다. 이 시기가 바로 근초고왕이 활약했던 시기이다. 우연이라고 하기에는 너무나 멋들어지게 시기가 맞아 나아간다.

여기서 백제가 할 일은 기존의 연맹체를 확대 · 강화하여 백제 주도체제로 개편하는 것이었다. 임나라는 명칭으로 등장하면서부터 이 연맹체는 소속국들의 자체적인 필요성보다는 외부세력인 백제의 필요에 의해 만들어졌다. 임나를 소속국가보다 백제가 통제하는 독특한 구조가 나타나는 것도 이 때문이라 할 수 있다.

임나와 목씨(木氏) 가문

이러한 정황을 보면 백제가 임나를 통제했던 그림은 대충 이렇게 된다. 백제에서는 가야제국의 정치적 통합체인 임나를 만들었다. 그리고 이를 관리·통제하기 위하여 목라근자를 감독관으로서 파견했다. 목라근자는 가야 지역을 백제세력권으로 흡수하는 데 공이 컸을 뿐 아니라 그 자체로도 가야제국의 사정을 잘 파악할 수 있는 지위에 있었다. 그가 임나를 통제하는 역할을 맡게 된 것은 당연하다.

당시의 사정에서 가야를 잘 파악하고 있는 백제인이 그렇게 많지는 않았을 것이다. 현지의 사정을 잘 알고 있으려면 상당기간을 현지에서 보내야 하는데, 교통이 불편한 당시에 백제인이 가야와 백제를 계속해서 드나들기는 곤란했을 것이기 때문이다.

목라근자만 하더라도 거의 현지에 자리를 잡았던 것 같다. 현지에서 여자를 얻었던 이유도 여기에 있었다고 할 수 있다. 백제와 가야를 왔다 갔다 하면서 업무를 수행하기는 곤란했을 테니, 목라근자는 백제의 유력한 귀족이면서도 백제보다는 임나에 있는 시간이 훨씬 많을 수밖에 없었다.

아버지와 아들 사이인지가 의심스럽다는 말이 나올 정도로 목라근자는 아들인 목만치와 나이 차이가 꽤 난다. 그렇게 된 이유도 한동안 임나, 즉 가야 지역에서 머물다가 뒤늦게 가정을 이루어 목만치를 낳았기 때문일 것이다. 어찌 보면 그렇게 되는 것이 당연하다.

장기간 객지에서 살다보면 사람이 쓸쓸함을 느끼게 마련이다. 가정을 이루어야 할 필요도 느꼈을 것이다. 어차피 혼인을 해야 했다면 복잡하게 백제까지 돌아와 신붓감을 고르기보다 현지의 여자를 택하는 편이 편했다.

현지의 여자를 맞이하여 가야인들과의 유대를 돈독히 하려는 의도도 있었을지 모른다. 그렇게 해서 아들 목만치木滿致, 목리만치(木刕滿致)·목협만치(木刕滿致) 등으로도 쓴다를 얻었던 것 같다.

여러 이유가 작용했겠지만, 어쨌든 목라근자의 역할은 아들 목만치에까지 세습되었다. 이렇게 대를 이은 목라근자 일가의 활동 덕분에 백제는 한동안 임나, 즉 가야에 대한 통제를 튼튼하게 유지할 수 있었다.

목씨 가문 역시 임나에서의 세력 형성을 기반으로 백제의 대성팔족大姓八族의 하나로 꼽힐 만큼 백제 국내 정치에서도 두각을 나타내기 시작했다. 16세의 어린 나이에 구이신왕久爾辛王이 즉위하자 이를 틈타 목만치는 왕의 모후와 깊은 관계를 맺음으로써 왕모의 권위를 등에 업고 국정을 잡았던 것이다.

이후 《삼국사기》의 기록에는 목씨 가문의 인물로 문주왕이 웅진으로 도읍지를 옮길 때 함께 남쪽으로 갔던 목협만치木劦滿致가 등장하고 있다. 이 목협만치가 구이신왕 대에 권력을 휘두른 목만치와 같은 사람인지 동명이인同名異人인지에 대해서는 논란이 많다. 그래도 분명한 점은 목씨 가문이 문주왕 재위 기간에도 권력의 핵심부에 존재하고 있었다는 사실이다.

물론 목씨 가문의 권력이 그리 오래 가지는 않았다. 세월이 흘러 문주왕의 웅진 천도 이후 불안정한 상황 속에서 해씨解氏 세력이 실권을 잡고 위세를 떨치게 되었다. 그러자 목만치는 해씨 세력에 밀려 왜로 건너갔다. 소아씨蘇我氏의 시조가 바로 이때 건너간 목만치였다고도 한다.

어쨌든 백제 장수인 목라근자 이후 목씨 가문은 임나관계의 업무를 총괄하면서 정치적 세력을 형성했다. 임나에서 형성해놓은 세력을 기반으로 구이신왕에서 문주왕에 이르기까지 국정을 장악하였을 뿐만 아니라 왜에까지 진출했다. 격변의 시기에 비중 있는 세력가로서 백제, 가야, 왜 지역을 활발하게 오가며 거대한 세력권을 구축하였던 것이다.

# 왜에 대한 배려의 산물,
일본부

백제가 목라근자 일가—家를 통하여 임나를 장악하고 통제했음은 대충 이야기가 된 것 같다. 그렇다면 여기서 임나에 가야제국과는 명백히 이질적인 집단인 이른바 '일본부' 가 끼어있게 된 배경도 언급해야 할 것 같다.

임나에 일본부가 끼게 된 이유를 이해하려면, 그보다 먼저 임나를 만들게 된 배경부터 생각해보아야 할 것이다. 그러기 위해서는 임나를 주도했던 세력이 백제였다는 점을 염두에 두어야 한다. 임나 자체가 백제의 필요에 따라 만들어지고 운영되었다면, 일본부 역시 마찬가지였을 것이기 때문이다.

백제가 근초고왕 때에 남쪽으로 눈을 돌린 이유는 고구려가 연에 타격을 받은 사이 한반도 남부의 정세를 자신에게 유리하게 짜놓으려는 것이었다고 했다. 그렇다면 임나를 만들어야 했던 필요성도 결국 이 연장선상에서 나오게 된다.

즉 근초고왕 때 백제가 남쪽에 눈길을 돌린 근본적인 이유는 한반도 남부에서 일본 열도에 걸쳐 있던 나라들을 백제의 정책에 협조하도록 만드는 것이라 할 수 있다. 그렇기 때문에 이 나라들을 하나의 조직에 묶어놓아야 할 필요가 생겼고, 그 필요에 따라 10여 개 국으로 갈라진 가야의 소국을 묶는 조직이 임나였다.

여기에 자연스럽게 따라 붙는 문제가 바로 왜倭를 어떻게 처리하느냐는 것이다. 왜가 백제에 협력하기로 한 이상, 백제도 왜의 숙원을 해결해 주어야 할 책임을 지게 된 셈이다. 따라서 백제도 그 방법을 생각해두어야 할 필요가 있었다.

기본적으로 왜는 바다 건너에 있는 이질적인 집단이다. 하지만 백제로서는 이질적인 집단이니 따로 상대하겠다고 하기는 곤란하다. 가야와 함께 왜도 의사소통과 행동통일에 문제가 없어야 남방에 영향력을 확보한 보람이 있을 것이기 때문이다.

그렇다면 왜 역시 하나의 조직체에 묶어두어야 할 필요가 있다. 어차피 만들어야 할 임나는 왜를 참여시키는 데에도 훌륭한 역할을 할 수 있었다. 그러니 '일본부'가 임나에 끼어있는 배경도 임나가 형성되어 가는 과정, 즉 백제가 가야 지역을 세력권에 넣어가는 과정과 떼려야 뗄 수 없는 관계에 있다.

불교나 유교 등 고등종교·철학 같은 문화적인 욕구는 백제인들을 파견하여 직접 해결해줄 수 있지만, 선진문물 도입에 대한 왜의 욕구는 백제가 모두 충족시켜주기에는 부담스럽다. 왜의 입장에서도 임나에 참여하는 것이 싫을 이유는 없었다.

사실 백제보다는 왜의 입장이 더 문제였다. 백제 한 나라에 선진문물의 도입선을 전적으로 의지하게 되면, 백제와의 관계에 문제가 생겼을 때 받을 타격이 훨씬 심각해진다. 그러니 전통적인 교역 파트너였던 가야와의 교역이 다시 활성화되도록 백제에 끈질기게 요구했을 가능성이 크다.

백제의 입장에서도 왜의 간절한 요구를 끝까지 외면하기는 곤란하다. 무리 없이 왜의 요구를 들어주는 방법은 가야제국의 연맹체에 상설기구를 설치하여 왜의 대표부도 동등한 자격으로 참여시켜주는 것이었다. 그렇게 되면 전통적인 교역루트가 회복되면서 왜는 자연스럽게 원하는 선진문물을 도입할 수 있다.

이렇게 해서 설치된 것이 이른바 '일본부' 이다. 쉽게 말해서 임나일본부란 임나에 파견된 왜의 대표부란 뜻이다. 지금 식으로 말하자면 임나주재일본대표부 '일본' 이라는 용어는 8세기에나 가서야 쓰였으니 실제로는 '왜' 이다쯤 될 것이다.

임나에 파견된 왜의 요원은 '임나국사任那國司' 라고 불렀다. 일본부 경卿 등으로 기록된 경우도 있기는 하지만 일본이라는 용어가 8세기부터 쓰인 것이기 때문에 당시 쓰이던 단어는 아닌 것 같다.

왜가 워낙 이질적인 집단이기 때문에 가야제국에서 파견된 요원과는 구별되는 경우가 많다. 그래도 어쨌든 임나를 구성하는 한 요소인 것만은 분명하다. 이런 대표부를 통해 왜는 교역문제를 비롯해 한반도와 얽힌 여러 가지 정치·경제적 현안을 조정할 수 있다. 다시 말해서 창구를 갖게 된 것이다.

임나 속에 일본부가 생기는 것은 단순히 왜의 필요를 충족시키는 이상의 파생효과를 가지게 된다. 가야의 입장에서도 일본부가 생기는 것이 별로 나쁠 게 없다. 가야도 장기간 우호관계를 유지해왔던 왜와 좀 더 활발하게 교류할 수 있는 창구를 가지는 셈이기 때문이다.

이런 방식이 백제에게도 편리하다. 가야제국과 왜까지 연맹체로 묶어놓으면 한 단위로 상대할 수 있고, 복잡한 세부사항은 자기들끼리 해결하도록 떠맡길 수도 있다. 백제는 배후에서 총괄적인 관리·감독만 하면 된다.

사실 가야제국 사이의 문제나 가야와 왜 사이의 문제에 백제가 끼어들 필요는 없다. 백제가 영향력을 행사해야 하는 문제는 따로 있다. 동맹체에 속하지 않은 외부세력, 즉 고구려나 신라를 상대할 때만 간섭하면 되는 것이다.

백제가 임나를 매개로 한 동맹체를 만든 목적 자체가 이런 것이었다. 장래에 고구려나 신라와 분쟁이 생길 경우 가야와 왜에게서 병력과 물자를 동원해야 한다. 이 경우 가야소국 하나하나에 동원할 자원의 양과 방법을 일일이 지시해야 하는 부담이 생긴다. 가야소국 각각의 사정에 맞춰 공평하게 부담을 나누어주는 것 자체는 불가능에 가까울 정도로 어렵다. 사방에서 볼멘소리가 터져나올 것이 뻔하다. 하지만 자기들끼리 세부 통제를 조율할 수 있는 기구가 있다면 이런 문제를 고민할 필요가 없다.

동원해야 할 물자와 필요한 노동력의 총량만 제시하고 구체적인 분배는 가야제국들끼리 정하도록 하면 그만이다. 이렇게 각각의 가야소국들과 직접 마주 앉아 의논할 필요 없이 전체적인 윤곽만 제시해주고 세부적인 문제는 자기들끼리 알아서 해결하도록 하는 편이 백제에게 편리한 것이다.

3. 근초고왕 이후의 국제정세

지각변동의 도화선, 신라

근초고왕의 가장 중요한 업적이라면, 백제와 고구려가 양축을 형성하고 있었던 국제 정세에서 백제를 한 축의 중심으로 만들어 놓았다는 점을 꼽아야 할 것이다. 그런데 애매한 입장에 처해 있던 신라가 일시적으로나마 이 체제를 가속화시켰다.

한반도 남부에 백제 중심의 동맹체가 형성될 때, 신라는 백제와 화친

을 맺기는 했지만 동맹체제에 가담한 것은 아니었다. 백제가 신라까지 적극적으로 통제하기는 어려웠을 것이다. 가야조차도 직접 지배하지 못하는 상황에서, 훨씬 세력이 크고 이해관계도 다른 신라까지 적극적으로 통제하려 하다간 분쟁이 생기기 십상이다.

백제가 한반도 남부에 세력확장을 꾀한 것은 배후의 안정을 도모하자는 것이었지 새로운 전선을 형성하자는 것은 아니었다. 따라서 신라에 지나칠 정도의 압력을 넣는 것은 피할 수밖에 없었다.

가야와 왜에 지나친 간섭을 하지 않고 신라의 기득권을 빼앗는 것만으로도 소기의 목적은 달성할 수 있었다. 가야와 왜가 백제에 적극적으로 협조하게 할 수 있었던 이유도 신라의 압박을 받지 않도록 해주었기 때문이라 할 수 있다.

결국 신라가 누리던 기득권을 빼앗아 가야와 왜에게 나누어준 셈이다. 이 정도만으로도 신라의 입장에서는 막대한 손해를 본 것이다. 백제로서는 동등한 입장의 화친을 맺어 적대행위만 피하면 그만이겠지만 신라가 본 손해를 벌충해주는 것은 아니다. 강요된 평화로 인해 신라가 얻은 것은 아무 것도 없었다. 내심 불만이 없을 수 없다.

단순한 불만으로 그칠 문제도 아니었다. 지역의 패권이 백제에 넘어가면서, 자신의 세력권에 있던 가야까지 이탈하여 백제 측에 가담했다. 거기에 별 볼일이 없다고 냉대해서 적으로 만들어버린 왜까지 백제가 주도하는 동맹체에 가담해버렸다. 지역의 패권을 빼앗기는 선에서 그치지 않고 국제적으로 고립된 것이다.

국제적인 고립에서 벗어나 활로를 찾지 못하면 신라의 장래가 어떻게 될지는 뻔했다. 신라의 불만은 점점 쌓여갔다. 이 불만은 백제의 독산성주禿山城主가 300명의 백성을 이끌고 신라로 귀순한 사건이 일어나자 노골적으로 나타나기 시작했다. 백제 근초고왕의 소환요청에 대해 내물왕은 "백성은 일정한 마음이 없어서 생각나면 오고 싫어지면 가버리는 것이다. 대왕근초고왕께서는 백성이 편치 않음을 걱정하지 않고 왜 과인을 나무라는가?"라며 딱 잘라 거절해버린 것이다.

백제로서는 괘씸했겠지만 이런 정도의 일로 공연한 말썽을 일으킬 필요가 없다고 생각해서 더 이상 문제 삼지 않았다. 이미 패권을 장악한 마당에 거기에 영향을 줄 만한 어떠한 말썽도 원하지 않았던 것이다.

그러나 신라의 각오는 달랐다. 독산성주의 망명사건을 처리하는 신라의 태도가 백제의 심기를 불편하게 했다는 점을 모를 리 없었다. 백제가 당장은 문제 삼지 않는다고 하지만 상황에 따라 어떤 일을 당할지 알 수 없었다. 뭔가 대책이 필요했다.

신라로서는 선택의 여지가 별로 없었다. 이 모든 사태의 원인 제공자가 백제였다. 보복하기 위해서는 물론 고립에서 벗어나기 위해서라도 고구려에 접근하는 것 말고는 달리 길도 없었다. 이렇게 해서 4세기 후반에는 고구려와 신라도 동맹을 맺게 된 것이다.

고구려로서도 신라의 접근을 마다할 이유가 없었다. 고구려는 신라의 성의에 보답이라도 하듯, 내물왕 22년377 신라 사신을 전진前秦에까지 데려가 소개시켜주기까지 했다. 이로 인해 신라와 전진의 통교는 한동안 지속될 수 있었다. 신라는 고구려 덕분에 국제무대에 데뷔한 셈이다.

신라의 고구려 접근은 가속화되어 광개토왕의 즉위에 즈음해서는 후에 왕이 된 실성實聖이 인질로 가며 결속을 다지게 된다. 고구려-신라의 급격한 접근으로 고구려-신라 동맹과 백제-가야-왜 동맹이 대립하는 구도가 형성되어 간 것이다. 미·소를 중심으로 이른바 말하는 냉전체제가 성립했던 것 같은, 일종의 양극화 현상이라 할 수 있다.

동맹체제의 충돌

그렇지만 이 체제는 그리 오랫동안 지속되지 못했다. 고구려에 대한 신라의 접근 자체가 새로운 구도의 형성이자, 이 구도를 스스로 파괴하는 발단이었다. 백제를 자극하지 않을 수 없었기 때문이다. 백제로서는 이 사태를 자신에 대한 신라의 도전으로 받아들일 수밖에 없었다. 어떠한 식으로든 신라를 응징하지 않으면 백제의 국제적 위신이 문제가 될 수도 있었다.

신라의 행동에 분개한 백제는 응징을 시도했다. 그렇다고 해서 직접 신라를 응징하려 하지는 않았다. 배후의 고구려를 의식한 것이다. 어떻게 보면 의식했다기보다 여유가 없었는지도 모른다. 광개토왕이 즉위한 이후 고구려-백제 전선은 4, 5년 동안 단 한 해도 무사히 넘어가지 않았다.

서력으로는 391년인지 392년인지 확실하지는 않지만, 광개토왕은 즉위한 해 7월, 4만의 군사를 이끌고 백제를 침공했다. 이 침공으로 북쪽 변경의 석현성石峴城 등 10여 개의 성을 점령하게 되었다.

백제 측에서는 맞대응할 엄두도 내지 못했고 한강 북쪽의 여러 부락들은 고스란히 고구려의 손에 넘어갔다. 고구려는 여기서 만족하지 않고, 10월에는 관미성關彌城까지 함락시켰다.

이듬해 백제의 아신왕은 관미성을 수복하려고 외삼촌이자 좌장左將인 진무眞武에게 1만의 병력을 주어 관미성을 공격하게 하였다. 진무는 관미성을 포위하고 열심히 싸웠지만 역부족이었다. 성은 함락되지 않았고 군량이 떨어진 백제군은 철수해야 했다.

다음 해에도 백제는 고구려와 수곡성水谷城 밑에서 싸우다 패배했다. 그 다음에도 전황은 나아지지 않았다. 8월 백제는 진무 등의 지휘하에 다시 한 번 고구려를 공격해보았지만 참패를 면하지 못했다. 패수浿水에서 광개토왕이 직접 지휘하는 고구려군과 싸워 8천 명의 희생만 치른 것이다.

11월 아신왕은 패수에서의 패전을 설욕하려고 친히 7천 명의 군사를 거느리고 한강을 건너 청목령靑木嶺까지 진출했으나, 큰 눈을 만나 동사자가 속출하자 고구려군과는 제대로 싸워보지도 못하고 철수해야 했다.

매년 이렇게 전투를 해야 하는 백제의 입장에서 신라를 응징할 병력까지 염출해낸다는 것은 상당한 부담일 수밖에 없었다. 더구나 나날이 불리해지는 고구려 전선의 상황을 외면하고 병력을 동원할 수는 없었다. 백제의 병력을 동원하지 않고도 신라를 응징하는 것이 최선이었다.

대안은 분명했다. 그동안 근초고왕 때부터 공들여 동맹체제를 정비해 놓은 것도 궁극적으로는 이러한 사태에 대비하기 위해서였다. 백제는 일단 동맹세력의 일원인 왜병을 동원하여 신라를 치게 했다. 실성이 고구려에 인질로 간 바로 다음 해인 내물奈勿 38년393, 30년간이나 중지되어 왔던 왜의 신라침공이 재개되었다.

이 작전 자체는 실패했다. 신라도 백제 측에서 가만히 있지 않을 것이라는 점을 모를 리가 없었다. 나름대로 대책을 세웠던 것이다. 농성하며 왜병이 물러가기를 기다리던 이전과는 달리, 이번에는 기병을 동원하여 퇴로를 차단하고 퇴각하는 왜병을 추격하여 섬멸하는 전술을 썼다. 반격을 각오하고 벌인 일이기 때문에 적극적으로 대처하겠다는 의도가 분명했다. 대책 없이 침공에 나섰던 왜병은 상당한 희생을 치렀다.

그렇지만 이 침공은 단순한 일과성 사건으로 끝날 문제가 아니었다. 실패를 경험한 백제와 왜도 대책을 강구하기 시작했다. 곧 침공은 재개되었고 그냥 재개되는 정도가 아니라 침공의 빈도와 강도가 이전과는 비교할 수 없을 만큼 강화되었다.

공격방향과 전술을 바꾸어버린 것이다. 393년 이전까지만 해도 왜가 신라를 공격하는 패턴은 바다를 건너 해안에 상륙한 후 해안지대의 백성과 재물을 약탈해가는 경우가 태반이었다. 이 당시 지명이 현재의 어디를 의미하는지는 정확히 알 수 없지만, 목출도니 풍도니 하는 섬지역에서 전투가 벌어지는 경우는 왜병의 공격방향이 바다였음을 보여주고 있다. 사도성 역시 '우로가 바람을 이용하여 불을 놓아 배를 불사르니 적이 물에 빠져서 다 죽었다'는 기록이 있는 것으로 보아 바다 쪽이었음이 분명하다.

내륙으로 들어오는 경우도 있지만 금성, 명활성, 월성 등 수도권의 여러 성을 공격하는 경우가 대부분이었다. 지금의 경주慶州에 해당하는 신라의 수도는 해안에서 거리가 멀지 않다. 따라서 이 성들에 대한 공략은 해안에 상륙해서 내륙에 있는 경주까지 진격해오는 패턴으로 보아야 한다.

이 밖에도 장봉성이니 사도성이니 지금의 어디인지 알 수 없는 곳을 공격하는 경우가 가끔 나오기도 한다. 이 역시 해안에 상륙해서 내륙으로 들어오는 패턴에서 크게 벗어나지는 않았을 것이다.

말려든 임나가라

393년의 공격 실패 이후로는 이 패턴이 달라진다. 기록에는 신라를 도와주러 온 고구려군이 침입해온 왜병을 임나가라까지 추격한다거나, 광개토왕비廣開土王碑에 '남거성男居城에서 신라성新羅城까지 왜병이 가득 찼다'는 내용이 나온다. 이로 보아 이때의 공격방향은 육지, 정확히 말해서 임나가라 방면이었다.

이런 공격패턴의 변화는 전쟁의 양상을 근본적으로 바꾸어놓았다. 4세기 이전의 침공에서 왜병이 안고 있던 근본적인 약점은 바다를 건너야 한다는 것이었다. 이 약점 때문에 신라에 심각한 타격을 가하기가 어려웠다. 왜병이 단독으로 신라를 공격하는 한 이 약점은 어쩔 수 없는 것이 되고 만다.

그러나 육지 쪽에서 공격하게 되면 사정은 달라진다. 이 자체만으로도 신라가 받는 압력의 격이 달라지는 것이다. 왜의 약점이 단번에 사라져버리기 때문이다. 육지 쪽에 기지를 확보하고 공격하면 일단 바다를 건너 병력과 군량을 수송해야 한다는 부담이 사라진다. 선박을 준비할 필요도, 보급선을 유지할 필요도 없어지는 것이다. 상륙할 때에 대기시켜놓은 선박이 있는 지점으로만 퇴각해야 한다는 약점도 사라진다.

보너스는 또 있다. 가야 지역이 신라와 강 하나를 사이에 두고 있을 정도로 가깝기 때문에 일단 철수한 이후에라도 재공격을 하기가 쉬워진다. 부담 없이 수시로 신라를 공격할 수 있게 된 것이다.

반면에 신라의 약점은 심각하게 드러난다. 공격받을 지점을 미리 알고 지킬 수 없는 점은 그대로다. 이에 비해 이젠 상륙한 지점만 파악하면 퇴로를 차단할 수 있었던 전술은 쓸 수가 없게 되었다.

단 이 변화의 전제조건은 한반도에 협조해주는 세력이 있어야 한다는 것이다. 이 때문에 혹자는 왜가 가야에 전진기지 같은 기반을 가지고 있을 정도로 가야 지역을 장악하고 있었다는 주장을 하기도 했다.

물론 실제로 왜가 가야 지역를 장악했기 때문에 임나가라를 기반으로 해서 신라를 공격했던 것은 아니다. 이런 기반을 제공한 것이 바로 임나이다.

일본부까지 포함된 임나는 평상시에 정치적인 연맹체이지만 유사시 지금의 나토NATO처럼 집단안보체제의 역할도 할 수 있었다. 이에 힘입어 왜병의 신라침공은 이전처럼 왜병이 단독으로 바다를 건너 신라를 치는 형태가 아니라, 임나라는 보급기지 내지 전진기지를 기반으로 육지에서 공격하는 형태로 바뀌었다.

임나라는 조직을 통해 가야제국이 보급문제를 해결해주므로 왜병은 전투 이외에는 신경을 쓸 필요도 없었다. 이런 전략이 가능했던 것은 물론 백제의 통제가 있었기 때문이다.

덕분에 왜병은 신라의 지원부대가 오는 것도 별로 걱정할 필요가 없어졌다. 공격하는 성에 접근하는 주요 통로에 정찰병만 배치하면 지원부대가 오기 전에 미리 간파하고 철수해버릴 수 있다. 이렇게 되면 왜병은 신라-가야 국경지대를 오가며 마음 내키는 대로 신라의 성을 골라가며 공격할 수 있다. 신라-가야 국경지대는 왜병이 완전히 장악하게 된다.

월남전에서 베트콩이 미군을 괴롭힌 것도 전력의 우위 때문에 아니라 전술 덕분이었다. 월남전은 전선만 지키면 되는 전쟁이 아니었다. 도시건 농촌이건 전후방을 가리지 않고 전투가 벌어졌다. 그렇기 때문에 아무리 우수한 화력과 기동력을 가진 미군이라 하더라도 전 지역에 모두 병력을 배치하여 장악할 수가 없다. 따라서 주요 거점만 기지를 만들고 지키는 형태가 된다.

이런 상황 자체가 전체적인 전력에 상관없이 무조건 공격 측이 주도권을 쥐게 되는 원인을 제공하는 것이다. 공격 측은 자신들이 유리한 시점을 골라 미리 정해 놓은 목표에 병력을 집결시킬 수 있다. 반면 방어 측은 공격 목표와 시기를 미리 알 수 없는 한, 각각의 거점에 흩어져 있는 병력을 공격시점에 맞추어 집결시킬 방법이 없다.

기껏해야 공격이 시작되고 난 후, 여기저기 퍼져 있는 병력을 모아 구원에 나서는 게 고작이다. 여기에는 상당한 시간이 필요하다. 이 시간을 이용하면 공격 측은 소기의 목적을 달성하고 철수할 수 있다. 때에 따라서는 과감하게 방어 측의 원군을 맞아 싸울 수도 있다. 어떤 경우에건 공격 측에게 선택의 여지가 많아지는 건 분명하다.

그만큼 할 수 있는 게 많은 공격 측이 주도권을 잡는 건 당연하다. 그렇기 때문에 제아무리 막강한 전력을 자랑하던 미군이라도 베트콩을 상대로 주도권을 장악하기 어려웠던 것이다.

이런 점을 알고 보면 광개토왕비에 '남거성男居城에서 신라성新羅城까지 왜병이 가득 찼다' 는 기록 역시 달리 해석할 여지가 생긴다. 이 기록은 일본 학계를 중심으로 왜병이 그만큼 강력했다는 의미로 해석하려는 경향이 있다. 하지만 고구려군이 도착하자마자 싸워보지도 않고 도망친 점을 보아서는 그랬던 것 같지는 않다.

따라서 이는 달리 해석해야 한다. 사실 남거성과 신라성이 어디인지 따질 것도 없이, 성과 성 사이에 사람으로 가득 찼다는 것 자체가 실제로는 있을 수 없는 일이다. 명백한 과장법이다. 그러니 왜병이 그렇게 많았다는 의미가 아니라 국경을 장악했다는 의미로 보아야 한다.

국경지역에서는 언제 왜병이 나타날지 모르는 상황이 되므로 신라인들은 성 밖 출입조차 자유로울 수가 없었다. 자기네 영토임에도 행동에 제약을 받게 되는 것이다. 왜병이 국경지역에 가득 찬 것처럼 느끼는 것도 당연하다.

어떤 사람은 이렇게 일방적으로 당하기만 할 것이 아니라 침공해온 왜병을 가야 지역에까지 추격하여 뿌리를 뽑아버리면 될 것 아니냐고 생각할지도 모른다. 왜야 바다 건너에 있으니까 원정에 부담이 있지만, 가야까지 그런 것은 아니니 부담 없이 가까운 가야를 정벌해버리면 문제가 간단히 해결된다고 생각할 수 있다.

신라인들이라고 그러고 싶은 생각이 없었을 턱은 없다. 그러나 이렇게 되면 전쟁의 양상이 완전히 달라진다. 신라군이 가야의 성을 공격하면서부터는 왜병을 격퇴하는 방어전이 아니라 가야에 대한 침공이 된다. 가야와 왜는 물론 백제까지 연결되는 동맹체제에 도전하는 꼴이 되는 것이다.

신라가 단독으로 이런 전략을 펼 경우 승산이 있을 리가 없다. 왜병까지 가세한 가야의 거점을 공격하여 점령하기도 어려울 뿐 아니라, 가야 지역에 전력을 집중시켜 놓고 있다가 위험한 상황이 벌어질 수도 있다. 언제 있을지도 모르는 백제의 공격에 속수무책으로 당할 가능성이 있었던 것이다.

고구려의 개입 그리고 임나가라 정벌

　신라의 입장에서는 백제를 배경으로, 그리고 임나가라를 발판으로 해서 달려드는 왜의 침략을 단독으로 해결하기 어려웠다. 그렇다고 일방적으로 당하기만 할 수도 없다. 여기서 신라 내물왕이 찾은 해결책이 고구려에 의지하는 것이었다. 내물왕은 고구려의 광개토왕에게 사신을 보내 지원을 호소했다.

　신라의 요청을 받은 광개토왕은 흔쾌히 수락했다. 신라의 요청도 요청이지만 신라가 받은 압력을 좌시할 경우 고구려의 외교적 위신이 추락한다는 점도 우려했을 것이다.

　또 백제 중심의 동맹체제를 붕괴시킬 좋은 기회라고 생각했다. 즉위 이래 4~5년간 매년 백제와 전쟁을 벌였지만 아직 결정적인 타격을 주지는 못하고 있었다. 우회적으로 공격할 수 있는 절호의 기회였다.

　광개토왕은 나름대로 치밀한 전략을 짰다. 자신에게 구원을 호소하는 신라를 돕는다는 측면에서라면 백제에 대한 직접적인 압력은 별 의미가 없다. 고구려가 백제에 압력을 넣고 있다는 막연한 사실만 가지고는 신라의 안전을 보장할 수 없기 때문이다. 실제로 고구려-백제의 전쟁에서는 고구려가 계속해서 개가를 올리고 있지만 신라에 대한 왜의 공격은 줄어들지 않고 있었다.

또 군사작전이란 타이밍이 중요한 것이다. 백제군이 신라를 공격할 시점을 정확하게 알아낸다는 것이 근본적으로 불가능한 이상, 신라가 초토화된 다음에 고구려군이 백제를 공격하게 되다면 승리하더라도 적어도 신라를 구원한다는 측면에서는 아무 의미가 없는 승리가 된다. 고구려 쪽에서는 몰라도 신라 쪽에서 이런 식의 작전은 사양할 일이다.

그렇기 때문에 실질적으로 신라를 돕자면 침공해온 왜병을 몰아내는 쪽으로 가닥을 잡게 된다. 물론 단순히 몰아내는 것만으로는 큰 의미가 없다. 다시는 돌아오지 못하도록 뿌리를 뽑아야 한다. 그러려면 신라에 투입된 왜병뿐 아니라 배후에서 전진기지 역할을 하고 있는 임나까지 공격하지 않으면 안 된다.

여기서도 광개토왕은 한 수를 더 생각했다. 단순하게 생각하자면 고구려군이 가야 지역에 선제공격을 가하는 방법부터 떠올리기 쉽다. 그렇지만 단순히 밀고 들어가기만 해서는 충격력이 떨어진다. 충격을 최고로 높이려면 공격해오는 적에게 반격을 가하여 그 탄력을 이용하는 방법이 최선이다.

이 모든 요소를 고려하여 광개토왕이 구상한 전략은 대충 이런 것이다. 먼저 고구려군을 비밀리에 신라 접경지역에 배치한다. 그리고는 왜병의 공격을 기다린다. 왜병이 공격해오면 신라 측에서 신호를 해준다.

신호를 받자마자 고구려군은 왜병을 향해 진격한다. 왜병이 철수하더라도 끝까지 추격하여 가야에 있는 전진기지를 공격하는 것도 불사한다.

이 상황에 대비하여 5만이라는 압도적인 전력을 갖추었다. 통상 고구려가 5만을 동원했다는 부분이 많은 오해를 낳기 때문에 약간의 설명이 필요할 것 같다.

고구려가 상대의 전력을 고려하여 병력을 동원했을 것이라는 막연한 전제를 놓고 왜의 전력도 고구려군 5만에 버금가는 수준이 되지 않았겠느냐고 추측하는 경우가 많기 때문이다.

그러나 이후의 상황전개를 보면 이런 추측은 전혀 설득력이 없다. 결론부터 보자면 광개토왕의 전략은 멋지게 맞아떨어졌다. 밀려오는 고구려군에 기가 질린 왜병은 싸워볼 생각도 못하고 임나가라로 후퇴했고 임나가라도 바로 항복해버렸다. 왜병이 고구려군과 비슷한 전력을 갖추고 있었다면 이렇게 싸워보지도 않고 퇴각한다던가, 임나가라가 곧바로 항복해버린다든가 하는 일이 일어날 리가 없다.

광개토왕이 노린 것도 바로 이 점이다. 5만이라는 병력규모는 당시 신라는 물론 백제조차도 동원해본 적이 없는 대병력이다. 왜병에 대하여 이런 규모의 병력을 동원한 것은 그 자체만 보면 '닭 잡는 데 소 잡는 칼을 쓴 격'이다. 그렇지만 전략적인 견지에서 전반적인 상황을 보면 그렇게 간단한 문제가 아니다.

왜병만 고려해서 적절한 수준의 병력만 동원한다면 실전심리상 질 때 지더라도 한 번쯤 저항을 시도해보게 마련이다. 왜병의 저항이라는 것도 벌판에서 고구려군과 맞서 싸우는 무모한 짓을 할 턱이 없는 이상, 성에 들어가 농성하는 상황을 생각해야 한다. 그렇게 되면 필연적으로 공성전이 된다.

공성전에 말려들면 고구려도 복잡해진다. 한반도에서의 공성전은 엄청난 시간과 노력의 소모를 요구한다. 고구려는 백제뿐 아니라 북방에도 연燕 같은 적을 두고 있었다. 사방에 적을 두고 있는 고구려군이 신라-가야 지역에서 하염없이 시간과 전력을 소모하며 대병력을 묶어 두고만 있을 수는 없는 일이다.

고구려군의 목표는 당연히 속전속결速戰速決이다. 그러려면 애초부터 저항할 꿈도 못 꿀 정도의 대병력을 동원하여 압박하는 것이 상책이다. 이는 또한 신라를 비롯한 주변 국가에 고구려의 힘을 과시하는 효과도 있다.

결과부터 이야기하자면 고구려의 전략이 대성공을 거두어 임나는 크게 저항하지 않았다. 백제도 개입해볼 기회조차 잡지 못했다. 임나가라를 비롯한 임나 전체가 순식간에 무너져버린 것도 압도적인 고구려의 무력에 저항할 생각을 하지 못했기 때문이다.

사실 임나의 입장에서는 이렇게 위급한 상황에서 구해주지 못하는 백제에 의존하기 위해 자신들의 운명을 걸고 싶지도 않았을 것이다. 이 작전으로 백제가 30년 동안이나 공들여 놓은 동맹체의 핵심, 임나가 붕괴해버렸다.

백제는 다음 해 뒤늦게 왜병과 함께 고구려를 공격해보았다. 하지만 때는 이미 늦었다. 이제 와서 고구려를 공격한다고 고구려에게 혼이 난 임나가 백제 쪽으로 돌아설 리 없었다. 30년 동안 유지되어 오던 백제-가야-왜의 동맹체제도 임나의 붕괴와 함께 막대한 타격을 받게 되었다.

광개토왕의 임나가라 정벌은 단순한 정벌로 그치는 것이 아니다. 고구려-백제 세력의 충돌에 신라·가야·왜 등 주변세력이 모두 말려들게 되어 그 결과로 백제-가야-왜의 동맹체제가 붕괴되는 분기점이 되었다. 근초고왕이 공들여 닦아놓은 동맹체제가 광개토왕 때문에 깨져버린 셈이다.

제 2 장

성왕의 시대

1. 성왕 이전의 국제관계

고구려 · 신라 동맹의 균열

4세기 말~5세기 초의 분쟁은 다섯 세력이 모두 말려들었기 때문에 국제정세 전체에 대단한 충격을 주었다. 패배한 세력들에 있어서는 이 충격을 극복하는 것이 중요했고, 승리한 세력들도 새로운 세력균형을 모색하는 것이 과제였다. 세력관계에도 상당한 변화가 올 수밖에 없었다.

얼핏 생각하면 이긴 쪽의 동맹은 승세를 타고 결속력이 강해질 것 같

지만, 세상사가 꼭 그렇지만은 않다. 대개 동맹이라는 것이 서로의 필요에 의해서 맺어지게 되며, 이 필요는 반대쪽의 강력한 세력이 제공해주기가 십상이다. 이 말은 반대세력이 없어진다는 사실은 동맹을 맺을 필요성 역시 같이 사라진다는 의미도 된다.

동맹에 변화가 생길 수밖에 없다는 사실은 외교적인 파란을 예고하고 있는 것이나 다름이 없었다. 이 파란은 고구려와 신라 관계에서부터 시작되었으며, 인질을 중심으로 해서 펼쳐졌다. 당시에는 동맹 같은 우호관계를 맺는 방법 중의 하나가 바로 인질을 보내는 것이었다. 따라서 동맹이 맺어지거나 깨어지는 것도 인질의 향배와 관련이 없을 수 없었다.

우선 4세기 후반에서 5세기 중엽까지 고구려에 보낸 신라 인질의 경우부터 살펴보자. 고구려와 신라의 관계는 동맹이라기보다 신라가 고구려의 정치·군사적 원조를 일방적으로 받는 형태였다. 도움을 주면서 반대급부를 바라지 않는, 너무나 호의적인 국제관계가 있을 리 없다.

신라의 인질은 그 반대급부라고 할 수 있다. 당연히 이 때의 인질은 복속의 표시로 해석된다. 실제로 고구려는 신라를 속국처럼 취급하기 시작했다. 광개토왕비에 의하면 신라의 임금내물왕이 직접 조공을 바치러 오기까지 했다고 한다.

그러나 인질이 파견된 이면에는 신라 내부의 권력투쟁이라는 요인도 작용하고 있었다. 그 근원은 실성이 인질로 가는 사건까지 거슬러 올라

간다. 실성이 고구려에 인질로 간 배경은 기본적으로 고구려에 대한 신라의 접근이라는 차원에서였지만 하필이면 실성이 인질로 선택된 이유가 있었던 것이다.

이 당시 신라에는 이유 불문하고 적장자에게 왕위가 계승되는 전통이 서있지 못했다. 4세기 후반에 집권했던 내물에게도 이 경우가 적용되어, 차기 대권주자로 유력했던 실성은 내물과는 정치적으로 다른 계열이었다. 내물의 입장에서는 권력의 누수현상까지 초래할 수 있는 제2인자 실성의 존재가 눈엣가시일 수밖에 없다.

이때 고구려와 관계개선은 내물에게 훌륭한 정치적 명분이 되어주었다. 고구려에는 차기 대권주자를 보내는 셈이니 인질의 비중을 높인다는 명분이 서고, 자신의 입장에서는 경쟁세력의 핵심인물을 나라 밖으로 내보내는 일석이조의 효과까지 생기는 셈이다.

실성은 이때의 수모를 잊지 않았다. 401년 귀국하여 내물의 뒤를 이어 왕이 되자, 보복 조치로서 내물의 아들인 눌지訥祗와 미사흔美斯欣을 각기 고구려와 왜에 인질로 보내버렸다. 나중에는 내물왕의 또 다른 아들인 복호卜好도 고구려에 인질로 보냈다.

보복은 보복을 부르는 법이다. 실성이라고 이러한 이치를 모르고 있을 턱은 없다. 눌지가 돌아올 때쯤 되자 자기처럼 보복할 것이라는 불안감을 떨치지 못했다. 실성은 급기야 고구려에 호송 중 눌지를 죽여달라는 부탁을 하기에 이르렀다.

외부세력을 이용해서 정권을 잡으려 하는 수법은 예나 지금이나 다를 게 없는 모양이다. 하지만 여기서 계산 착오가 있었다. 고구려가 이 부탁을 들어주지 않았던 것이다. 한술 더 떠서 눌지에게 실성의 음모를 알려줘버렸다.

여기까지는 《삼국사기》와 《삼국유사》의 기록이 일치하지만 이후 사태에 대한 기록은 조금 틀리다. 《삼국사기》에는 음모를 알고 기회를 엿보던 눌지가 정변을 일으켜 왕위를 차지한 것으로 기록된 반면, 《삼국유사》에는 고구려군이 눌지를 도와 정변을 일으킨 것으로 되어 있다.

고구려가 공연히 신라의 내부 투쟁에 말려들고 싶어 하지 않아서 정세를 관망하는 정도에서 그쳤는지, 아니면 적극적으로 개입하여 자기들의 힘으로 신라의 왕을 세웠는지에 대해서는 잘라 말하기 어렵다. 그렇지만 고구려가 신라의 정권교체에 영향을 줄 수 있는 상황까지 된 것은 분명하다.

이렇게 고구려에 보낸 신라의 인질은 약소국이 강대국에 보내는 인질의 전형이다. 그렇기 때문에 신라 국내 정치에서도 강대국의 영향력을 이용하기 위해 암투를 벌이는 현상이 나타나게 된 것이다.

신라의 입장에서는 이렇게 국내정치조차 고구려의 영향을 받게 되는 상황이 달가울 리가 없다. 백제중심의 동맹체제가 무너지자 변화의 필요성은 더욱 절실해졌다. 이젠 주변에서 고구려를 견제할 세력도 없다. 그대로 가다가는 옥저沃沮나 예濊같이 고구려에 흡수되어버릴 수도 있는 위기였다.

또 다른 축의 변화, 신라와 왜

신라가 고구려에게서 벗어나려는 생각을 행동으로 옮기기 시작한 시기도 내물의 뒤를 이어 실성이 즉위하면서부터로 거슬러 올라간다. 즉위 후 실성이 외교문제에 손을 댄 첫 번째 사안은 왜와 화해하는 것이었다.

여기서 전혀 다른 인질의 형태가 보인다. 보통 인질이라고 하면 힘이 없는 측에서 복속을 표시하는 형태로만 인식하는 경우가 많다. 인질이란 대립 세력 사이에 상호안전을 보증하기 위한 하나의 방편으로서 복속, 강화, 결호結好와 같은 정치적인 목적을 달성하기 위해 활용된다. 인질을 보낸다는 게 항상 복속을 의미하는 것만은 아니라는 뜻이다.

경우에 따라서는 강국이라도 정치적 입장 때문에 다른 나라에 인질을 파견할 수도 있다. 예를 들어 중국의 춘추시대春秋時代에 노魯나라가 초楚나라에 맹약을 맺으려고 기술자 300명을 재화財貨의 제공을 의미하는 격으로 성공成公의 아들인 공형公衡을 인질로 보낸 적이 있다.

또 복속을 표시하기 위해 인질을 보냈다고 하더라도 그 자체의 의미만으로 끝나지 않는 경우가 많다. 배후에 국내 정치의 배경이 작용한다는 것이다. 따라서 인질이 오고 가는 기록을 단선적으로만 보아서는 당시의 상황을 이해하기가 어렵다.

어떻든 신라는 왜와의 화해를 위하여 내물의 아들 미사흔을 인질로 보내 왜와 우호관계를 성립시켰다. 실성의 계산은 이런 것이었다. 고구려의 간섭에서 벗어나기 위해서는 다른 세력의 압력에서 오는 부담을 덜어야 한다. 그러려면 그동안의 적대관계를 청산하는 것이 선결과제이다.

그런데 백제는 고구려의 압력으로 지리멸렬한 상태였고, 임나는 임나가라 정벌로 인해 이미 붕괴상태로 들어갔기 때문에 굳이 손을 댈 필요가 없다. 상대적으로 타격을 덜 받은 왜와의 분쟁만 종식된다면 배후의 위협은 없어진다. 외교를 통해 국제관계의 안정을 도모하고, 이를 기반으로 내부를 정비하여 고구려의 세력권에서 벗어날 수 있는 여건을 조성해보자고 판단했던 것이다.

혹자는 왜에 파견된 신라의 인질 역시 고구려에 보낸 인질과 마찬가지로 복속의 표시였다고 해석하기도 한다. 심지어 고구려와 왜라는 두 강대국 사이에 고민하던 신라가 양쪽에 모두 인질을 파견했다고 보기도 한다.

물론 이것은 앞뒤가 맞지 않는 논리이다. 실제로 그랬다면 고구려나 왜나 자신을 위협하는 세력에 인질을 보내는 행위를 용납하려 할 턱이 없기 때문이다.

고구려는 신라가 왜로 인질을 보내는 데 대해서는 특별한 반응을 보이지 않았다. 그럴 필요성을 느끼지 못했던 것이다. 근본적인 위협세력은 왜가 아니었다. 별로 중요하지 않은 왜에 지나치게 신경을 쓰다가는 외교관계의 대세를 그르칠 일이 생길 수도 있었다.

신라와 왜의 화해를 막는다면 왜의 신라침공에 대해서도 고구려가 책임을 져야 한다. 그렇지만 고구려가 왜의 신라침공을 근본적으로 막아줄 수는 없었다. 왜의 신라침공이란 기습적으로 특정거점을 쳐서 백성이나 재물을 탈취하고 빠지는 식이었다.

왜의 전략이 이러한 것이었기 때문에 막강한 군사력을 가진 고구려라 하더라도 왜의 신라침공을 뿌리 뽑기는 어렵다. 바다를 건너 정벌한다고 효과가 있을 상황도 아니다. 그렇다고 왜가 언제 어느 지점을 공격해올지도 모르면서 신라영역에 많은 병력을 항상 투입해놓고 소규모로 공격해오는 것을 일일이 고구려군을 투입해서 격퇴할 수도 없다.

백제중심의 동맹체제를 파괴한다는 목적을 달성한 고구려의 입장에서는 더 이상 왜에 신경을 써야 할 이유가 없었다. 오히려 고구려의 입장에서는 신라가 왜와 화친을 맺는 정도가 까다로운 문제를 해결하는 수단이 될 수도 있다. 고구려가 왜에 대한 신라의 인질파견을 방관한 데에는 고구려와 신라의 동상이몽同床異夢이 작용했을 뿐이다.

결국 고구려의 반응 같은 주변 정황을 보아, 왜에 파견된 신라의 인질이 복속의 표시는 아니었다. 그보다는 정치적 필요에 의해 화친을 맺으려는 시도의 일환으로 파견되었다고 보는 편이 합리적이다.

백제의 개입과 파란

이유야 어쨌건 고구려가 태연했음에도 사태는 실성의 생각대로 풀려주지 않았다. 오산의 근원은 엉뚱한 쪽에 있었다. 고구려가 아니라 백제가 흥분한 것이다. 고구려는 내심 신라와 왜가 접근함으로써 이렇게 백제와 왜 사이가 소원해지는 또 한 가지 효과를 노렸을지도 모른다. 그래서 아무 조치도 취하지 않고 왜에 신라의 인질이 가는 사태를 묵인해주었을 것이다.

백제가 그러한 조치를 취할 수밖에 없었던 배경은 이렇게 그려볼 수 있다. 당시 광개토왕의 임나가라 정벌로 가야가 백제의 영향권에서 이탈해버렸다. 5세기 초 신라는 고구려와의 관계를 정리하기 전이고, 백제와의 관계를 개선하지도 않은 상태였다.

이 상태에서 신라와 왜의 관계가 개선된다면, 백제는 국제적으로 완전히 고립될 수밖에 없었다. 최소한 백제·왜 관계의 주도권도 왜의 양다리 외교에 내줄 판이었다. 왜가 백제와 신라를 오가면서 경쟁을 붙여 더 많은 이권을 요구할 수 있게 되는 것이다.

백제로서는 상당히 절박했던 것 같다. 백제의 신라침공이 있었던 시기가 바로 신라의 인질이 왜에 간 다음 해이다. 백제는 이러한 난국을 타개하는 수법으로 신라와의 관계를 극한으로 몰아버린 후, 왜에게 선택을 강요하는 전략을 택했던 것으로 보인다.

기록에 나타난 정황을 보면 백제가 신라와 왜의 화친에, 속된 말로 '깽판'을 친 셈이다. 여기에는 백제와 신라 가운데 하나를 선택하도록 강요하면, 왜가 그동안 의지해 왔던 백제를 포기하지 못할 것이라는 계산이 깔려 있었다고 생각된다.

책계왕責稽王에서 무령왕武寧王에 이르기까지 거의 300년 사이에 이 사건 이외에는 백제가 신라를 직접 공격한 적이 없다. 책계왕 이전이야 실제로 백제와 신라가 전쟁을 벌였는지가 의심스러울 정도니까 논외로 친다고 하더라도, 성왕 대까지도 신라와 직접적인 분쟁이 없었다는 사실까지 무시할 수 없다.

백제가 신라 정도는 직접 처리해야 할 대상으로 여기지 않았다는 의미가 될 수 있기 때문이다. 유독 아신왕 12년403에만 직접 신라에 쳐들어가는 사태가 일어났다는 것은 그만큼 백제의 국제적 위신에 문제가 생겼다는 뜻이다.

혹자는 무엇 때문에 백제가 왜에 직접 압력을 넣어 해결하려 하지 않았느냐는 의문을 가질지도 모르겠다. 그렇지만 매사가 그렇게 단순하게만 해결되지는 않는다. 외교라는 문제는 특히나 단순하게 해결할 수 있는 것이 아니다.

왜로서는 이미 힘을 잃어가는 백제에게만 의지해서는 곤란하겠다는 생각을 했기 때문에 신라와의 관계개선에 나선 것이다. 나름대로 계산이 있는 사람들에게는 무슨 말을 해도 귓등으로 듣게 마련이다. 백제가 어떤 소리를 하든 왜는 적당히 시간을 끌면서 양다리를 걸치며 필요한 것만 얻어내면 그만이다. 그렇다고 고구려의 압력을 심하게 받고 있는 백제가 왜를 응징할 뾰쪽한 수단도 별로 없다.

백제도 양다리를 걸치겠다고 마음먹은 왜를 말로만 설득할 수 없다는 사실을 모를 턱이 없다. 이런 수법에 대응하는 방법 중 하나는 극단적인 상황을 만들어 확실한 선택을 강요하도록 하는 것이다.

백제가 굳이 신라를 직접 응징한 이유는 이런 뜻이다. 백제와 신라의 긴장관계가 폭발하지 않고 유지만 되고 있어도 백제가 왜에게 신라와 무조건 긴장관계를 지속하도록 강요하기가 어렵다. 그러나 전쟁을 할 정도로 백제-신라 관계가 악화되어 있다면 백제는 왜에게도 확실한 선택을 요구할 수 있다. 전쟁을 벌이고 있는 적과 관계를 개선하려 한다면 백제에게도 적이 된다는 논리가 성립하기 때문이다. 백제로서는 여기에 필요한 상황을 만든 것이다.

왜는 백제를 포기하지 못했다. 처음부터 서로 필요한 존재였고, 그동안 잘 지내오면서 백제에 의존적인 체제가 되어 있었다. 백제와의 관계를 포기할 만큼 신라를 믿기는 어려웠다. 아직 백제만큼 왜에 후하게 선진문물을 제공해줄 세력을 찾을 수 없었다. 왜로서는 백제 이외에 다른 대안이 없었던 것이다.

왜는 백제가 신라를 공격한 지 2년이 못 된 실성 4년405 다시 신라를 침공하기 시작했다. 이 때 침공해온 왜병은 명활성明活城을 공격했다. 마지못해 하는 침공인 데다가 한반도에 지원하는 세력도 없는 단독 침공이라 왜병은 별다른 전과를 올리지 못했다. 오히려 퇴로를 차단하고 매복하는 신라의 고전적 전술에 말려들어 독산獨山 남쪽 전투에서 패배하고 300여 명의 희생만 치렀다.

그리고 똑같은 일이 반복되었다. 왜병은 다시 변경을 침범하고 백성을 잡아가는 식으로 전술을 바꿨다. 화가 난 실성은 왜병의 전진기지 역할을 하고 있었던 대마도對馬島를 선제공격할 계획을 세웠지만 이번에도 주위에서 만류를 했다.

서불한 미사품은 "신이 듣건대 '무기는 흉한 도구이고 싸움은 위험한 일이다'고 합니다. 하물며 큰 바다를 건너서 다른 사람을 정벌하는 것은 말할 것도 없습니다. 만에 하나 이기지 못하면 후회해도 돌이킬 수 없으니, 험한 곳에 의지하여 관문을 설치하고 그들이 오면 막아서 쳐들어와 어지럽힐 수 없게 하다가 유리할 때 나아가 그들을 사로잡는 것만 같지 못합니다. 이것은 이른바 남을 유인하지만 남에게 유인당하지 않는다는 것이니, 가장 좋은 계책입니다"라고 하며 기존 전술의 고수를 주장했다. 실성은 그 말에 따랐다. 대마도 공격계획을 포기했던 것이다.

신라는 다시 공격해오는 왜병을 격파하는 데 주력하는 수세적인 자세를 취했다. 실성 14년415 풍도風島에 쳐들어온 왜병을 격퇴시켰다. 신라와 왜의 대치상황은 백제가 한반도 남부로 진출해오기 전으로 되돌아간 셈이다.

덕분에 백제와 왜의 관계는 더욱 가까워졌다. 백제는 이렇게 신라와 왜의 관계개선을 막기 위해 직접 신라를 침공하기 전부터 왜의 사신을 후대하는 등 왜를 백제 쪽에 붙잡아두기 위해 안간힘을 쓰고 있었다.

여기서 또 다른 인질의 형태가 나타난다. 백제의 태자 전지腆支가 왜에 인질로 간 것이다. 이 역시 왜에 대한 백제의 복속표시로 해석하는 경우가 있으나, 이 역시 뒤이어 벌어진 상황을 보면 타당성은 없어 보인다.

백제가 왜에 복속하는 형태였다면 신라에 대한 정책도 백제가 주도하고 왜가 따라가는 식으로 나타나기 어렵다. 또 나중에 언급이 되겠지만 나제동맹이 맺어지는 것을 왜가 아무 조치 없이 방관하고 있기도 어렵기 때문이다.

왜에 대한 백제의 인질은 노나라가 초나라에 보내는 인질과 같은 형태로 보는 편이 합리적이다. 상황도 비슷하다. 노나라가 초나라에 기술자 300명을 보냈듯이 백제인이 왜에 선진문물을 전수해주러 파견된 예가 많이 나타난다. 따라서 백제의 태자 전지도 성공의 아들인 공형과 비슷한 케이스였던 것으로 보아야 한다.

전지의 경우, 왜에 장기간 체류한 이유는 관계개선에 적극적으로 활동하려는 의도도 있었다. 청병사請兵使 내지 수신사修信使의 역할을 했다는 것이다.

왜는 이 성의를 무시하지 못했다. 신라에 대한 외교정책도 백제의 의도에 따라주었을 뿐 아니라, 백제 내부에 정변이 일어났을 때에도 왜는 전지에 호위병을 붙여 도와주었다. 전지가 왕이 된 이후 백제와 왜는 서로 선물을 교환하면서 돈독한 관계를 확인했다.

한반도 안에서의 고립에서 탈피해야 한다는 측면에서 왜에 대한 백제의 외교정책은 일단 성공이었다. 이와 같이 같은 인질이라 하더라도, 정치상황에 따라 그 의미는 천차만별로 나타난다.

나제동맹(羅濟同盟) 그리고 국제관계의 반전

인질을 둘러싼 외교전을 통해서 백제가 성공을 거두었다는 것은 반대로 실성의 입장이 난처해졌음을 의미한다. 나름대로 큰맘 먹고 벌인 외교전에서 얻은 것이 없었다. 왜와의 관계개선은 실패하고 백제와는 직접 충돌이 일어났다. 고구려의 태도는 태연했지만 자신의 영향권에서 벗어나려는 노력에 내심 괘씸하다는 생각을 가지지 않을 리는 없었다. 사방에 적만 만든 셈이다.

외교에서의 실패는 곧바로 정권유지의 불안감으로 이어진다. 사태를 수습해보려고 실성 11년412 내물의 아들 복호를 고구려에 보냈다. 다음 해부터는 본격적으로 국내 정국을 안정시키는 데에 주력했다.

실성은 낭산狼山에서 누각처럼 생긴 구름이 나타나자 "이는 틀림없이 신선이 하늘에서 내려와 노는 것이니 응당 이곳은 복 받은 땅이다"라며 나무 베는 것을 금지했다. 물론 이것은 신선을 팔아 정권의 위상을 높여보려는 정치쇼에 불과하다.

이런 행태는 계속되었다. 큰 다리를 놓기도 하고 혈성穴城 들판에서 군대를 사열하기도 하며 금성 남문에서 활쏘기 대회에 참석하기도 했다. 실성이 죽기 바로 전해까지도 동해 바닷가에서 뿔 달린 큰 물고기를 잡았다는 둥, 토함산이 무너지고 세길 높이의 샘물이 솟았다는 둥 하며 신비적인 현상을 팔아 정국의 안정을 꾀했지만 별다른 효과는 없었다. 다음 해 실성은 제거된 것이다.

결과적으로는 자신의 무덤을 판 꼴이 되었지만, 실성이 눌지의 제거를 획책할 만큼 나름대로는 돌파구를 찾으려 하지 않을 수 없었음을 짐작할 수 있다. 그러나 고구려는 실성을 믿지 않았다. 나름대로 계산이 있어 눈 감아주기는 했지만, 왜와의 관계개선 노력 등이 고구려의 영향권에서 벗어나려는 노력이라는 것을 고구려가 모를 리 없었다. 그에 대한 괘씸죄가 눌지 제거에 대한 비협조로 나타났다.

왕좌를 눌지에게 빼앗기게 된 것도 어떻게 보면 당연했다. 외교정책에 실패한 데다가 신라에 절대적인 영향력을 갖고 있던 고구려에게 나쁘게 찍히고서도 권력을 유지하기는 곤란했을 것이다. 고구려로서는 자신의 손아귀에서 벗어나려 한 데 대해 복수를 한 것이니 일단 성공을 거둔 셈이다.

그렇지만 이 정도의 성공으로 고구려-신라 관계가 계속 좋게만 지속될 수는 없었다. 조그마한 성공에 도취해서인지 신라를 무시하는 고구려의 태도가 변한 것 같지는 않다. 이러한 태도는 기어코 신라의 이탈을 부르고 말았다. 눌지로서도 아무리 정권을 잡을 때 고구려의 도움을 받았다고는 하지만, 더 이상 굴욕적인 외교를 계속할 수는 없었다.

눌지는 결국 정책의 변화를 시도하게 되었다. 지금까지 일방적으로 끌려가기만 하던 고구려와의 관계에서 벗어나 자립의 길을 모색하게 된 것이다.

백제도 신라의 입장에 대해 슬슬 눈치를 채기 시작한 것 같다. 눌지 17년₄₃₃ 백제의 비유왕毗有王은 신라에 화친을 청했다. 다음 해에는 서로 예물을 주고받을 정도로 가까워졌다. 처음에는 군사지원을 하는 수준의 동맹이 아니라 단순한 화해 정도였지만, 이 사건은 이후 엄청난 파장을 몰고 왔다.

일단 신라는 백제와의 동맹, 즉 나제동맹羅濟同盟의 결성을 통하여 고구려에 대항할 수 있는 국력을 키울 여유를 갖게 된 셈이다. 그러나 백제와 신라의 접근은 그 자체로만 끝날 문제가 아니었다. 파장은 사방으로 급속히 퍼졌다.

왜의 배신감

먼저 왜의 입장이 미묘해진다. 백제의 의도는 신라와 관계를 개선함으로써 고구려의 위협에 공동으로 대처하고자 하려는 것이다. 이렇게 되면 당연히 백제의 외교정책에 있어서는 신라의 비중이 커지고 왜의 비중은 줄어든다. 당장 백제가 어떤 조치를 취해오지 않더라도 왜의 위상은 불안해진다. 백제와 신라 사이의 관계개선이 단순한 화해차원에서 시작되었다고 하더라도 신라에 더 비중을 두는 앞으로의 정책 방향은 결정된 셈이었다.

더구나 백제는 신라와 왜 관계에 대해서 아무런 배려도 해주지 않았다. 왜는 백제와 신라가 화해하기 불과 2년 전인 431년만 하더라도 신라를 공격했다. 별로 성과도 없는 침공이었다. 이렇게 신라와 왜 사이에 적대관계가 지속되고 있는 중에 백제-신라 사이에 화친이 성립된 것이다. 왜가 느꼈을 배신감은 상상하기 어렵지 않다.

사실 왜는 백제의 압력에 못 이겨 신라를 침공하면서도 신라와의 관계개선에 대한 미련은 버리지 못하고 있었다. 그 점은 신라의 인질을 대하는 태도에서 나타나고 있다. 신라를 침공하면서도 인질은 그대로 붙잡아 두고 있었던 것이다. 이러한 조치에서 신라와 화해를 포기하고 분쟁을 벌이고 있는 중이라도 유사시 외교적 연결고리 역할을 할 수 있는 인질을 포기하지 않으려는 양면성을 엿볼 수 있다.

왜는 인질인 미사흔을 데리고 있을 때까지는 한동안 신라와의 관계에 미련을 가질 수 있었다. 그런데 두 가지 악재가 연이어 터졌다. 첫 번째는 앞에서 나타난 대로 백제-신라 사이에 화해가 성립한 것이다.

백제와 화친이 성립한 이상 신라가 왜에 크게 신경 써야 할 이유가 없었다. 백제뿐 아니라 신라의 입장에서도 왜의 가치가 떨어진 것이다. 이 사실은 두 번째 악재를 불러왔다.

이제는 신라가 왜와의 관계개선을 위한 여지라도 남겨두려고 인질을 두고 있을 필요조차 없어져버렸다. 더구나 미사흔은 신라왕 눌지의 동생이고 그를 인질로 보낸 것은 전왕前王인 실성의 작품이다. 눌지로서는 동생을 위험한 곳에 머물게 할 수 없다는 인간적인 고뇌만이 아니라, 정적政敵이 벌여 놓은 문제를 청산해야 한다는 생각도 했을 것이다.

여러 가지 측면에서 인질을 유지할 필요가 없게 된 눌지는 박제상을 파견하여 미사흔을 구출해냈다. 여기서 백제와 신라, 왜 사이에 미스터리 같은 사태가 생겼다.

포상팔국의 난 이후로 왜가 신라를 침공하는 사건은 그렇게 이상한 사태로 인식할 필요가 없을 정도로 흔한 일이었다. 이런 사태는 신라가 백제·가야와 불편한 관계에 있을 때에 납득이 갈 만한 일이다.

나제동맹羅濟同盟의 성립 이후에도 왜가 빈번하게 신라를 침공한 이유는 완전히 다른 차원이 된다. 백제를 도와줄 동맹국을 왜가 침공하는 꼴이 되어버리기 때문이다. 그럼에도 불구하고 백제와 왜는 큰 충돌 없이 지내고 있었다. 즉 왜가 백제의 동맹인 신라를 침공하는 데에도 불구하고 백제와 왜는 우호적으로 지내고 있었다는 얘기다.

겉으로 드러난 사실만 보면 이러한 사태가 이상하게 보이는 것이 당연하다. 그러나 이러한 미스터리를 푸는 하나의 해법으로, 신라를 근본적으로 믿지 못한 백제가 왜를 시켜 신라를 견제했다는 주장이 제기되기도 했다.

별로 그럴 듯한 주장은 아닌 듯하다. 이런 주장에 따르자면, 왜는 백제가 시킨다고 피해가 생길 수밖에 없는 군사 작전을 무조건 해야 했다는 얘기가 되어버린다. 백제가 아무리 강대국이라도 왜가 그럴 정도로 종속되어 있는 꼭두각시 세력이었던 것 같지는 않다.

만약 그랬다면 그런 관계는 국제 사회에 뻔히 드러나지 않을 수 없다. 신라가 어리석지는 않았을 테니, 당연히 백제의 꼭두각시 왜가 자신을 침공하는 움직임을 이상하다고 느꼈을 것이다. 들통 나는 것은 시간문제라 해도 과언이 아니다. 백제로서는 신라와 애써 맺어놓은 동맹 관계가 깨질 위험을 폭탄처럼 안고 다녀야 한다.

게다가 그런 일은 신라를 군사적으로 압박하는 꼴이다. 신라가 압박을 받는 만큼 백제에 군사 지원을 해줄 때 부담이 커진다. 자신의 동맹국이 자신에게 필요한 군사 지원을 해줄 때 압박을 느끼게 하는 격이다. 백제가 이렇게 여러 가지로 어리석은 짓을 했다고는 생각되지 않는다.

힘 없는 자의 반항

그보다는 백제가, 세력을 키워 이용 가치가 높아진 신라와의 관계 개선에 외교력을 집중했다는 점에서 단서를 찾는 편이 나을 것 같다. 백제의 외교 관계가 신라에 치중되다 보면, 상대적으로 왜가 소외될 수밖에 없다.

백제에 의지해서 국제정세를 헤쳐 나아가던 왜는 그야말로 '닭 쫓던 개'가 되어버렸다. 신라와 접촉해볼 연결고리도 없어졌다. 백제는 이런 사태에 대해 아무런 책임도 지지 않았다. 졸지에 왜는 '낙동강 오리알 신세'가 되어버렸다. 왜로서는 위기의식을 가지지 않을 수 없었다.

왜의 입장에서 생각해보면, 신라와 잘 지내면서 더 많은 이권을 챙길 수 있는 기회를 백제 때문에 날려버린 셈이다. 이때 왜가 느꼈던 배신감과 충격은 현대 냉전 체제에 의지하던 대한민국이, 1970년대에 갑자기 이루어진 미국과 중국의 화해에 느껴야 했던 충격과 비슷하지 않을까 한다.

이렇게 보면 이 당시 왜의 신라 침공은 일종의 외교적 보복 조치였다고 해석할 수 있다. 5세기 초반 백제가 써먹은 수법을 그대로 재현하며 이번에는 백제에게 선택을 강요한 셈이다. 왜가 나름대로는 신라에 압력을 넣을 힘이 있다는 것을 과시하면서 백제와 신라의 관계도 자신과 신라의 관계처럼 냉각되기를 바랐을 것이다.

물론 왜는 백제만큼의 성과를 거둘 수 없었다. 같은 수법도 누가 어떤 상황에서 쓰느냐에 따라 결과가 달라진다. 백제·신라의 동맹 관계나 상호 군사 원조에 별다른 동요나 변화의 흔적이 보이지 않는 것이다. 기껏 백제가 취한 조치라고는 오경박사五經博士를 파견하는 등 왜가 원하는 문물 제공을 강화하는 정도였다.

왜는 백제에 대해 아쉬운 게 많은 입장이었으니까 백제의 눈치를 보며 압력을 받을 수밖에 없었지만 백제의 입장은 달랐다. 왜보다 훨씬 비중이 큰 신라와의 협조관계가 무르익고 있는 상황에서 왜의 비중이 그전과 같을 수는 없었다. '제까짓 게 불만을 가져봤자 별 수 있겠느냐'는 계산도 깔려 있었다. 백제는 왜의 신라침공에 별 신경을 쓰지 않았다. 왜를 달래려는 노력이야 해보았겠지만, 그 이상 눈에 띄는 조치를 취하지는 않은 것이다.

나중에는 백제뿐 아니라 신라도 왜에게 큰 신경을 쓰지 않았다. 왜가 귀찮게 굴기는 했지만 그리 큰 위협이 되는 것은 아니었다. 눌지 28년444 금성을 공격해왔다가 식량이 떨어져 철수하는 왜병을 주위의 만류에도 불구하고 추격하다가 낭패를 본 일도 있기는 하지만 그 이상은 아무 것도 아니었다. 자비慈悲 2년459, 자비 5년462, 자비 6년463 왜의 침공은 계속되지만 쳐들어왔다가 그냥 물러가는 행태가 계속 반복되었을 뿐이다.

결국 왜의 움직임은 당시 한반도 정세에 별다른 영향을 주지 못했다. 거듭되는 왜의 침공에도 불구하고 신라의 대외정책은 별 지장을 받지 않고 있었다. 눌지 39년455에는 고구려의 침공을 당한 백제에게 군사를 보내 도와주었다. 왜가 아무리 귀찮게 굴어도 하고 싶은 것은 할 수 있다는 점을 보여준 셈이다.

당시 왜의 국제적 비중은 이런 데서도 나타난다. 나제동맹 성립 이후 왜의 신라침공은 백제와 가야의 협조가 있었던 4세기 후반의 것과 비교가 되기 때문이다. 침공 방향도 다시 바다 쪽으로 바뀌기 시작했고, 신라도 왜의 침공을 받은 지 얼마 되지 않아 백제에 구원병을 보낼 정도로 왜의 공격에 둔감해진다. 다시 말해서 왜 단독의 침공에 대해서는 신라가 별 신경을 쓰지 않아도 될 정도로 왜 자체는 그리 큰 비중을 가지지 못한 세력이었다는 것이다.

별다른 전력을 갖추지 못한 세력이라도 평화로울 때 백성을 잡아가고 변방에서 소란을 피운다면 크게 문제가 되겠지만, 강적인 고구려와의 전쟁을 각오한 비상시국에서는 다소의 희생쯤 감수할 수 있다는 것이 신라의 생각이었다. 평소에는 공비 몇 명만 나타나도 온 나라가 발칵 뒤집히지만, 전쟁이 일어나고 난 다음에는 민간인의 희생을 막기 위해 공비를 쫓아다니는 일이 없는 것과 비슷하다.

각자 이익을 찾아 이합집산

고구려는 왜와 달리 처음에는 백제-신라의 접근에 대해 그리 크게 신경을 쓰지 않은 것 같다. 그도 그럴 것이 백제-신라 우호관계의 성립 초기에는 고구려가 신라에 가지는 영향력이 크게 위협받는 정도가 아니었다. 백제-신라의 화친이 이루어진다는 사실은 처음부터 양국의 관계가 군사동맹을 가상한 것이 아니라 일단 화해한다는 의미가 짙다.

고구려의 영향력이 이로 인해 급격하게 감소한 것도 아니다. 곧 언급할 사건에서도 보이듯이 고구려인은 백제-신라의 화친이 성립한 이후에도 신라영역에서 활동할 수 있었다. 고구려도 백제가 왜에 그러했듯 신라에 대해서 '제까짓 게 어쩌랴'는 생각을 가지고 있었는지도 모른다.

내심 노리는 것도 있었던 것 같다. 왜가 신라를 계속해서 침공하는 상황에서는 신라가 고구려를 위협할 만한 세력이 될 수도 없었고, 백제-신라 관계가 개선되는 만큼 백제-왜 관계는 실제로 소원해지고 있었다. 그렇기 때문에 고구려는 힘들여 간섭할 필요 없이 일단 백제-신라-왜 사이에서 벌어지는 사태를 관망하는 자세를 취한 것이다.

그렇지만 사태는 고구려가 우려할 만한 방향으로 발전했다. 백제와의 관계가 개선되면서 고구려에 대한 신라의 태도도 달라지기 시작한 것이다. 겉으로 나타내지 않으려 한다 해도 속에 불만을 가지고 있으면 언젠가는 터진다. 고구려에 대한 신라인의 불만도 우연한 기회에 폭발해버렸다.

이 사건의 발단 역시 사소하다. 변방에 배치된 고구려의 장수가 신라 영토에서 사냥을 했다. 적어도 고구려인의 정서에서는 별것 아니라고 생각했을 것이다. 중원고구려비中原高句麗碑의 위치이 비석은 지금의 충청북도 중원군 가금면 용전리 입석(立石)마을에 있다를 보면 당시 고구려의 영향이 신라 지역 깊숙이까지 미치고 있음을 알 수 있다.

기록에 나타나 있는 고구려의 태도를 보더라도 이 당시 고구려인들은 신라를 속국처럼 생각했다. 따라서 그 영토에서 사냥 좀 하기로서니 뭐 대수로울 게 있겠느냐는 식이었다. 이런 태도는 신라가 고구려에 절대적으로 의존해야 했을 때는 별 문제를 일으키지 않았다.

필요해서 외국군대가 주둔할 때는 웬만한 횡포도 참아 넘긴다. 그러나 필요가 현저히 줄어들 때가 되면 태도가 달라진다. 시대가 바뀌어도 마찬가지인 것 같다. 지금의 주한미군에 대한 한국인의 태도도 비슷하다.

전쟁이 한창일 때, 심지어는 전쟁이 끝나고 한참이 지난 다음에도 주한미군이 대한민국에 절대적으로 필요한 존재라고 인식할 때가 있었다. 이럴 때에는 불평등한 협정을 감수하고라도 그들을 붙잡아 두려 했다.

그래서 미군범죄에 대한 공식적인 비난도 거의 나오지 않았다. 그렇지만 남한의 경제가 성장하고 북한이 몰락하면서 전쟁의 위협이 줄어들자,

중원고구려비. 이 비석은 지금의 충청북도 중원군 가금면 용전리 입석(立石)마을에 있다. 이 비석이 남쪽 깊숙이 내려온 이 지역에 자리 잡은 것도 그만큼 고구려의 영향력이 확대되었기 때문이라고 본다.

한국 사람들도 옛날처럼 참으려 하지는 않는다. 미군병사들의 범죄는 사회 문제화 되기 시작했다.

사냥을 하던 고구려 장수는 신라의 분위기 변화 같은 데에는 관심이 없었는지 몰라도 신라인은 확실히 달라졌다. 이름 없는 백성도 아닌 하슬라성何瑟羅城 성주 삼직三直이 군사들을 동원하여 고구려 장수를 기습·살해해버린 것이다. 고구려에 대한 신라인의 정서가 어떻다는 것을 확실히 보여준 셈이다. 물론 모든 것이 자존심만 가지고 한꺼번에 해결되지는 않는다. 고구려의 장수왕長壽王은 분노했고 사신을 보내 항의했다. 신라의 태도가 미온적이자 장수왕은 항의하는 데에 그치지 않고 병력을 동원해서 신라를 침공해왔다.

당황한 눌지가 장수왕에게 백배사죄함으로써 사태는 일단락되었지만 고구려의 횡포를 더 이상 용납하지 못하겠다는 신라인의 태도가 달라진 것은 아니다. 더구나 이 사건이 고구려의 무력에 눌려 신라왕이 사과하는 선에서 마무리되었다는 사실은 신라인의 자존심이 짓밟힐 대로 짓밟힌 것을 의미한다. 이러고도 고구려-신라가 밀월관계를 유지할 수는 없었다.

덕분에 백제-신라의 접근은 가속이 붙었다. 눌지 38년454부터 신라와 고구려는 전쟁에 돌입하였으며, 다음 해에는 고구려의 침공을 당한 백제에 신라가 병력을 파견해주었다. 이제 신라는 고구려와는 적대국이, 백제와는 본격적으로 군사원조를 주고받는 동맹이 된 것이다.

눌지의 뒤를 이은 자비왕 대에 이르면 이 기조는 완전히 굳어진다. 자비 11년468 고구려는 말갈과 함께 북쪽 변경의 실직성悉直城을 습격했고, 신라는 이에 대비하느라 하슬라 지역 사람들을 동원하여 이하泥河에 성을 쌓아야 했다.

자비 13년470에는 삼년산성三年山城, 자비 14년471에는 모로성芼老城을 쌓고, 자비 16년473에는 명활성明活城을 수리했다. 이듬해인 자비 17년474년에는 일모성一牟城, 사시성沙尸城, 광석성廣石城, 답달성沓達城, 구례성仇禮城, 좌라성坐羅城 등을 쌓았다. 신라 역사상 이렇게 많은 성을 한꺼번에 쌓는 일이 흔하지는 않았다. 앞으로 벌어질 전쟁을 예상하고 그만큼 철저하게 준비했던 것이다.

신라의 예상은 틀리지 않았다. 다만 고구려는 백제 쪽으로 주력을 투입했을 뿐이다. 475년 고구려의 침공을 받아 백제의 개로왕蓋鹵王이 전사했다. 《삼국사기》에 의하면 고구려의 대로對盧인 제우齊于·재증걸루再曾桀婁·고이만년古尒萬年 등이 군을 지휘하고 있었는데, 그들은 죄를 짓고 고구려로 망명한 백제인이었다고 한다. 탈출하는 개로왕을 생포하여 살해한 사람이 바로 재증걸루였다.

고구려군이 침공해온다는 보고를 받자 사태가 절박함을 깨달은 개로왕은 문주文周에게 살아서 사직社稷을 이으라는 부탁과 함께 피신을 명령

했다. 문주는 신라에 가서 구원병을 이끌고 돌아왔으나, 이미 때가 늦어 개로왕이 살해당한 이후였다.

그렇지만 개로왕의 죽음이 백제-신라의 관계에 장애가 되지는 않았다. 이후 고구려의 위협에 대항하는 백제와 신라의 군사동맹은 더욱 강화되었다. 그야말로 '어제의 동지가 적으로, 어제의 적이 동지가 되어버린' 상황이다. 이제 의리로 뭉친 혈맹 따위는 빈말로라도 찾아볼 수 없게 되었다. 각자 자신의 이익을 찾아 이합집산을 거듭하는 시대가 된 것이다.

왜(倭), 제 갈 길을 찾아

왜로서는 이제 백제만 믿고 있을 수 없다는 사실이 명백해졌다. 왜도 다른 길을 찾기 시작했다. 중국과 직접 교류를 시도했던 것도 백제의 의존을 줄이기 위한 노력의 하나였다.

백제에 지나치게 의존하는 구조를 개선하기 위한 시도는 왜가 신라의 인질을 받아들일 때부터 시작되었다고 보아야 한다. 신라와의 관계개선이 실패한 이후 중국 쪽으로 눈을 돌린 것이다.

413년 동진에 사신을 보내어 조공한 것을 시발점으로, 기록상 히미꼬 이후 200년 만에 중국과의 직접교류가 시작된다. 438년 왜왕 진珍은 송宋에 조공해서 방물을 바치고 '사지절 도독 왜 백제 신라 임나 진한 모한 육국제군사 안동대장군 왜국왕使持節都督倭百濟新羅任那秦韓慕韓六國諸軍事安東大將軍倭國王'으로 책봉해줄 것을 요청했다. 송에서는 안동장군으로만 책봉해주었다.

왜왕 진의 요구는 이후에도 계속되었다. 451년 왜왕 제濟도 진이 요청했던 칭호에서 이미 남송의 책봉을 받았던 백제를 제외하고 가라加羅를 더하여 '사지절 도독 왜 신라 임나 가라 진한 모한 육국제군사 안동장군 使持節都督倭新羅任那加羅秦韓慕韓六國諸軍事安東將軍'으로 책봉되었다. 462년 왜왕 흥興도 같은 칭호를 획득했다.

478년 흥을 대신한 무武가 다시 한 번 칭호에 백제를 포함시켜줄 것을 요청하며 '사지절도독 왜 백제 신라 임나 가라 진한 모한 칠국제군사 안동대장군 왜국왕使持節都督倭百濟新羅任那加羅秦韓慕韓七國諸軍事安東大將軍倭國王'을 칭하고 '개부의동삼사開府儀同三司'를 자칭하여 책봉을 요구했다. 하지만 역시 백제는 제외되고 개부의동삼사도 인정되지 않았다. 무는 479년에 남제南齊로부터 '안동장군'에서 '진동대장군鎭東大將軍'으로 502년에는 양梁으로부터 '정동장군征東將軍'으로 승격되었을 뿐이다.

이 과정이 많은 오해를 낳기 때문에 약간의 설명이 필요하다. 책봉을 받는 칭호 자체로만 보면 왜가 신라, 임나 등에 대한 지배권을 인정받고 있는 것 같다.

칭호에 포함되어 있는 사지절使持節, 천자(天子)가 내린 부절(符節), 돌이나 대나무, 옥 등으로 만들어 글자를 쓰고 도장 같은 것을 찍어 증표가 될 수 있도록 만든 것. 옛날에는 사신이 가지고 다니던 물건으로 둘로 갈라 하나는 조정에 두고 하나는 자신이 가지고 다니면서 신표로 사용했다은 그것을 지니고 있다는 뜻이다. 한대漢代에서부터 있었던 이 뜻은 장군이 군주로부터 독자적인 권한을 위임받은 것을 의미한다.

도독都督도 역시 한나라 때부터 내려온 말로 일정지역의 군통수권을 위임받는다는 뜻이다. 제군사諸軍事도 비슷한 의미를 가지고 있다.

이렇게 칭호 자체에는 왜가 신라, 임나 등지에 대해 정치 · 군사적 지배권을 인정받는다는 의미가 포함되어 있다. 이걸 근거로 삼아 왜가 한반도 남부를 지배하고 있었다는 주장을 편 학자들이 나오는 것도 무리는 아닌지 모른다.

의미 없는 칭호, 실익 없는 외교

그러나 내용을 조금만 들여다보면 중국에서 책봉해준 칭호는 실제의 사정과 별 상관이 없다는 것이 쉽게 드러난다. 우선 5세기에는 있지도 않았던 진한과 모한마한이 들어가 있다. 또 479년에는 조공을 온 가라왕 하지荷知를 '보국장군 본국왕輔國將軍本國王'으로 책봉해주고도, 같은 해 왜왕 무에게 다시 가라를 포함한 육국 제군사 대장군을 주고 있다.

이렇게 있지도 않은 나라에 대한 지배권을 인정해준다든가, 책봉을 해서 국가로 인정해준 나라를 다시 다른 나라에 포함시켜 책봉을 해주는 것은 모순이다. 그만큼 책봉해주는 측에서는 실제의 사정에는 관심이 없다는 뜻이다.

이유는 간단하다. 외국의 왕을 왜 하필 남의 땅에 책봉해주겠느냐는 점만 생각해보아도 쉽게 알 수 있는 문제다. 결국 남의 땅을 주면서 생색을 냈다는 얘기다. 우리나라에서 '이북5도청'이란 걸 만들어서 실제로는 통치하지 못하는 북한지역에 도지사를 두는 것과 같은 이치라고나 할까? 자신들하고 상관없는 '남의 땅'이니 책봉 받는 사람들이 어떻게 하든 알 바 아니라는 식이다.

책봉 받는 입장에서도 어차피 대가 없이 얻은 땅인데 손해 본다고 생각할 리 없다. 사정을 잘 모르는 외국인들에게 책봉 받은 벼슬을 내보이며 자랑할 수만 있으면 그뿐이다. 이런 걸 가지고 책봉을 받은 것을 보니 어디까지 통치하고 있었느니 하는 설명은 알고 보면 당시의 근거 없는 허세일 뿐이다.

고구려의 경우에도 진晉의 안제安帝에게 '사지절 도독 영주 제군사 정동장군 고구려왕 낙랑공使持節 都督營州諸軍事 征東將軍 高句麗王 樂浪公'으로 책봉을 받은 바 있다. 여기서의 영주도 대략 지금의 하북성河北省에서 요령성遼寧省에 이르는 지역으로 당시 북연北燕의 영토였다.

중국 양나라의 기록인 〈양직공도梁職貢圖, 양나라와 교섭하러 온 각국의 사신에 대해 약간의 해설을 곁들여 그림으로 남긴 것〉처럼 백제가 신라까지도 지배하고 있었던 듯 쓰여져 있는 경우도 있다.

쉽게 말해서 책봉할 때 '제군사'라던가 '도독' 같은 말을 붙여 군사지배권을 인정해주는 것은 실제의 지배영역을 정확하게 파악해서 인정해주는 것이 아니라, 책봉해주는 측의 영토 밖에 있는 지역을 외교상 편의에 따라서 지정해주는 형태라는 것이다. 따라서 어느 지역에 대한 지배권을 인정받았다는 사실에 너무 현혹될 필요는 없다.

책봉을 받는 측에서 실제 지배권 밖의 지역에 대해 인정을 받으려 하는 이유도 어떤 지역을 지배하고 있다던가 지배하려는 의도와는 거리가 멀다. 앞에서도 확인했듯이 중국의 황제에게 책봉을 받는다는 것은 국제적으로 인정받는다는 의미이다. 인정받는 과정에서 가급적이면 비중 있는 나라로 인정받으려 한다.

이 점은 예나 지금이나 다름없다. 지금도 다른 나라에 파견되어 있는 외교관들은 그 나라의 비중에 따라 등급이 매겨진다. 등급이 낮으면 그만큼 대접을 못 받는다. 당시에도 국가적으로 대접을 잘 받기 위해서는 보다 높은 등급의 책봉을 받아야 했다. 그러기 위해 지배영역에 대한 과장을 서슴지 않은 것이다.

이렇게 과장이 심하기 때문에 지배지역에 대한 책봉은 별다른 의미를 갖지 못한다. 의미를 갖는 것은 중국으로부터 받는 책봉의 상대적 등급이다. 이 때 주어지는 벼슬의 등급은 책봉을 해주는 입장에서 그 나라의 국제적 비중을 냉정하게 평가한 것이다.

자기나라에 대해서 과장을 하는 것은 책봉해주는 측에서 신경 쓰지 않아도 그만이지만, 책봉의 등급에 문제가 있으면 외교마찰이 발생할 수도 있다. 비중 있는 나라의 사신에 대한 예우가 다른 나라의 사신과 비교가 되면 항의를 받거나 심하면 외교 분쟁이 발생할 수도 있기 때문이다.

실제로 위魏나라에 파견되었던 남제의 사신은 위나라가 자신을 고구려와 비슷한 등급으로 대우한다는 이유로 항의했던 적이 있다. 마찬가지로 가야나 신라같이 잦은 교류가 없던 나라들에 대해서는 상관없지만 고구려나 백제처럼 자주 교섭을 갖는 나라에 대해서는 신경을 쓰지 않을 수 없었다.

책봉이라는 것 자체가 중국을 중심으로 한 일종의 외교전이기 때문이다. 이 외교전의 성과에 따라 정치·문화적인 유대관계가 강화될 뿐 아니라 성공적인 경우에는 군사지원까지 얻어낼 수도 있다. 훨씬 후대의 일이지만 신라는 당唐에 대한 외교의 성공으로 군사지원을 얻어 고구려의 일부와 백제의 영토를 획득하게 되었다.

이 당시 백제만 하더라도 고구려의 장수왕이 남제의 태조에게 표기대장군驃騎大將軍으로 책봉을 받자, 동성왕東城王이 사신을 보내 복속을 청한 것도 이런 경우이다. 동성왕이 복속을 청한 것은 독립을 포기하겠다는 의도가 아니라, 남제에 대한 외교관계의 주도권을 일방적으로 고구려에 내주기 싫다는 의지를 보인 것이다.

조공과 책봉이라는 것이 이렇게 외교전의 일부이기 때문에, 정치적인 이익이 없으면 언제든지 일방적으로 끊어버릴 수도 있다. 백제의 개로왕蓋鹵王은 위나라에 조공을 하며 고구려를 토벌해줄 것을 요청했다. 그래도 위나라가 들어주지 않자 조공을 끊어버린 경우도 있다.

이런 외교전의 와중에서는 책봉을 해주는 측도 상대국의 비중에 따라 책봉의 등급을 냉정하게 처리하지 않을 수 없다. 왜의 외교적 노력에도 불구하고, 송이나 남제 같은 중국의 나라에서는 왜를 고구려나 백제에 비해 비중 있게 대해주려 하지 않았던 이유도 여기에 있다. 당시 왜는 항상 고구려나 백제에 비해 한두급 정도 아래의 등급으로 책봉을 받고 있었던 것이다.

국제적으로 비중이 큰 나라가 아니었기 때문이다. 이것으로도 당시 왜의 국제적 위치를 알 수 있다. 결국 왜의 5왕이 중국에 사신을 보내며 교섭한 것은 자기들의 위세를 과시한 행동이 아니었다. 어떻게든 국제사회에 진출하면서 선진문물의 도입선을 다변화하려는 몸부림이었던 것이다.

가야의 재기

백제-신라-왜의 관계가 고구려와 얽혀 요동치고 있는 동안 가야는 역사의 전면에 등장하지 못했다. 등장할 만한 형편이 못 되었다고 하는 편이 옳을지도 모르겠다. 임나가라가 고구려군에 항복한 이래 임나는 일시적으로나마 붕괴될 수밖에 없었기 때문이다.

중심세력인 임나가라, 즉 금관가야부터 철저하게 핍박을 받았다. 방어시설을 허물고 군사력을 제한당하는 것은 물론이고, 나라의 발전에도 많은 제약이 가해졌다. 이 때문에 금관가야는 그전까지 누려왔던 가야연맹체, 즉 임나의 맹주자리에 다시는 올라서지 못하게 되었다.

그렇다고 가야 전체가 그대로 주저앉은 것은 아니다. 역사의 뒤편에서 조용히 재기를 준비하고 있었다. 백제와 신라가 고구려와 열전을 치르느라 가야에 대해 크게 신경 쓰지 못한 것도 가야가 재기할 수 있는 요인이 되어주었다.

가야의 여러 나라들은 일단 임나부터 재정비하기 시작했다. 임나 자체는 비록 백제의 편의를 위해 만들어지기는 했지만, 가야에게도 임나의 존재가 꼭 불리하게만 작용한 것은 아니었다.

백제에 의해 만들어졌다고는 하지만 임나는 가야의 여러 나라들을 하나로 묶어주는 역할을 훌륭하게 해낼 수 있었다. 그렇기 때문에 가야의 여러 나라들은 임나를 해체해버리지 않고 유지해 나아가려고 한 것이다.

무엇보다도 5세기라는 시점에서 가야가 백제나 신라처럼 당장 통합된 왕국으로 발전하기는 어려웠다. 가야의 어느 나라가 강력한 힘을 가지고 주변의 여러 나라를 흡수하면서 통합해 나아가야 하는데, 그러자면 가야 내부에서 알력이 생기지 않을 수 없었다.

백제 · 신라같이 가야에 비해 강력한 나라들을 옆에 두고 내분이 생기는 것은 가야의 어느 나라에게도 자해행위나 다름이 없다. 3세기 포상팔국의 난 때 겪어본 적이 있었기에 이러한 사태를 피하는 방법은 현실적으로 연맹체를 그대로 유지하는 것 이외에는 없었다.

이 과정에서 임나내부에도 커다란 변화가 일어났다. 금관가야가 고구려와 신라의 압력으로 몰락한 덕분에 지금의 고령 지역에 자리 잡고 있던 대가야가 급부상하게 된 것이다. 초기에는 임나 내부에서 그리 큰 비중을 차지하고 있지 못했고, 지정학적으로도 내륙 깊숙이에 있었기 때문에 오히려 전쟁의 화를 면할 수 있었던 것 같다. 즉 고구려의 임나가라 정벌로 금관가야는 타격을 받고 힘을 잃은 반면, 대가야는 별다른 타격을 받지 않고 힘을 축적할 수 있었던 것이다.

많은 임나 소속국 중에서 무엇 때문에 대가야가 중심세력으로 부상하게 되었는지 자세하게 알 수는 없지만, 5세기 후반쯤 되면 대가야가 임나의 맹주로 부상하게 되었음은 확실하다.

그리고 이 사실은 불가피하게 임나 자체의 개편을 부르지 않을 수 없었다. 임나를 대표하는 나라가 바뀌어야 했던 것이다. 임나에 소속된 나라들을 결집시켜 끌어 나아가려면 임나의 의장 역할을 맡는 나라가 기본적인 힘을 갖추고 있어야 한다.

힘을 잃은 금관가야로서는 더 이상 임나의 의장을 맡을 수 없었다. 임나의 조직도 힘이 있는 대가야 중심으로 개편하게 되는 것이 당연하다. 연맹체의 의장자리 같은 것은 항상 바뀔 수 있는 것이다. 그 전에 금관가야가 맡고 있던 자리를 대가야가 대신하는 데에는 별 문제도 없었다.

임나가 이렇게 대가야 중심으로 재편되고 난 이후에는 임나의 성격 변화도 두드러지게 나타나기 시작했다. 자체정비가 어느 정도 마무리되자, 대가야가 임나의 맹주로서 본격적으로 대외활동을 개시했던 것이 변화의 원동력이었다. 그 중에서도 주목할 만한 활동이 475년 중국의 남제南齊에 독자적으로 사신을 파견하여 책봉을 받은 것이다.

대가야가 책봉을 받았다는 사실은 대가야를 중심으로 한 임나의 독립

성을 국제적으로 선포했다는 의미가 된다. 비록 남제 측에서 곧바로 왜 왕 무에게 다시 가라를 포함한 육국 제군사 대장군을 주어서 빛이 바래기는 했지만, 주변의 나라들에게 독자적인 외교를 할 수 있다는 점을 보여준 셈이다.

가야 측에서는 능력을 과시하듯, 481년 신라를 침공한 고구려군을 격퇴하기 위해 백제와 함께 구원병을 파견했다. 어엿하게 한몫할 수 있다는 것까지 보여주었다. 496년에는 신라의 소지왕에게 꼬리가 다섯 자에 이르는 흰 꿩을 보내며 우호를 다졌다.

광개토왕 시절에 줄을 잘못 서서 혼이 난 가야로서는 자주·자립의 중요성을 절감할 수밖에 없었다. 재기를 시도하는 시점에서 대외적으로 하나의 독립 세력임을 인정받으려 시도하는 것은 당연하다고 할 수 있다. 이제 임나는 백제의 조종에 따르는 허수아비 같은 존재가 아니라 명실상부하게 가야 자체를 위한 연맹체가 된 것이다.

그렇지만 새롭게 독립을 쟁취하려는 시도에 난관이 없을 수는 없었다. 고구려라는 강적이 버티고 있고, 고구려를 물리쳐야 한다는 공동의 목표가 존재하는 한, 가야의 독립 노력은 이런 긴박감 덕분에 어느 정도 효과를 볼 수 있었다.

문제는 이 효과가 오래 가지 않았다는 것이다. 난관이 닥친 것은 이율배반적이게도, 그동안 가야는 물론 백제와 신라에게 위협을 주던 고구려

세력이 퇴조하면서부터였다.

481년 신라를 침공한 고구려군이 백제와 가야의 구원병에게 패퇴한 이후 백제-신라의 군사동맹은 더욱 위력을 발휘하기 시작했다. 494년 신라의 장군 실죽實竹이 고구려군과 살수薩水 들판에서 싸우다 패배하여 견아성犬牙城으로 물러나 농성을 하게 되자 백제의 동성왕東城王이 3천 명의 군사를 파견하여 구원해주었다.

다음 해 고구려가 백제의 치양성雉壤城을 공격하자 이번에는 신라의 소지왕이 장군 덕지德智에게 명하여 구원하도록 했다. 이후에도 공방전은 계속되었지만 고구려의 위협이 이전처럼 심각한 상황으로 발전하지는 않았다.

백제 무령왕武寧王이 즉위하면서부터는 오히려 백제가 공격적으로 나서며 고구려의 반격도 쉽게 격퇴하는 양상이 나타났다. 무령왕은 즉위하자 곧 달솔達率 우영優永을 보내 고구려의 수곡성水谷城을 습격했으며 다음 해에도 고구려의 변경을 공격했다.

그 다음 해에는 고구려의 조종을 받은 말갈靺鞨이 마수책馬首柵을 불태우고 고목성高木城을 공격해왔지만 5천 명의 병력을 보내 물리쳤다. 무령왕 6년506과 7년507, 10년510, 12년512에 고목성, 한성漢城, 가불성加弗城, 원산성圓山城 등지에서 전투가 벌어졌지만 백제는 결국 고구려군을 물리치는 데 성공했다. 무령왕 21년521에는 중국의 양梁에 사신을 보내 "여러 차례 고구려를 깨뜨려 비로소 양나라와 우호를 통하게 되었으며 다시 강한 나라가 되었다”는 선언을 할 만큼 자신감을 갖게 되었다.

가야의 좌절

6세기에 들어서면서부터 백제-신라의 상호원조와 백제의 재기에 의해 한반도 남부에서 고구려의 영향력도 크게 퇴조하기 시작했음이 분명해졌다. 오히려 이것이 임나에게는 불행의 시작이었다.

그동안 협조가 잘 되어오던 백제와 임나 사이도 금이 가기 시작했기 때문이다. 고구려의 압력을 받고 있는 동안은 백제로서도 고구려와의 분쟁에 협조가 필요한 만큼 가야의 독립 노력을 눈감아줄 수밖에 없었다. 고구려 세력이 퇴조했다는 사실은 이제 백제에게는 임나의 협조가 그다지 시급한 것이 아니라는 의미가 된다.

백제는 이 틈을 타서 옛 영광을 되찾기 위한 시동을 걸었다. 이를 위한 첫 번째 작업이 근초고왕 대에 확보했던 백제 세력권을 회복하는 것이었다. 이 문제는 백제의 국제적 위신이 걸린 것이기도 했다.

근초고왕 때에 임나는 물론이고 지금의 전라남도 지역에 해당하는 마한의 잔여세력들이 백제 세력권으로 흡수되었다. 그런데 백제가 고구려의 압력으로 약화된 틈을 타 이들이 독립을 되찾으려는 기미를 보이고 있었던 것이다.

백제로서는 일단 이들에 대한 이전의 영향력을 회복하려 했다. 첫 번째 목표는 옛 마한 지역, 지금의 전라남도 지역으로 잡았다. 그 지역에 자리 잡고 있던 세력과 알력이 생기지 않을 수 없었다. 알력은 점차 무력이 동반되는 분쟁으로 발전하기 시작했다.

시기가 정확하지는 않지만 487년 무렵 기생반숙이紀生磐宿禰라는 인물이 백제 요원을 살해하며 분쟁이 가시화되었다. 초반에는 기습적으로 백제 요원을 죽이고 백제의 반격까지 격퇴하는 데에 성공했지만 장기간 버티지는 못했다. 결국 백제에게 진압되고 말았다.

이 분쟁은 백제의 승리로 끝이 났지만 완전히 해결된 것은 아니었다. 이 분쟁에는 임나의 좌로佐魯·나기타갑배那奇他甲背 등이 가담하고 있었다. 기생반숙이라는 인물에 대해서는 어디 출신이고 어디 소속인지 구구한 해석이 많지만 임나의 요원이 가담하고 있는 것을 보아 배후에서 임나가 지원하고 있었음은 분명하다.

임나도 백제의 팽창을 경계하고 있었던 것이다. 일단은 백제가 임나의 중심세력과는 조금 거리가 있는 지역을 1차적인 목표로 삼고 있었지만 그 지역이 정리되면 임나도 다음 목표가 될 것이 분명했다. 다음 번 분쟁도 예고되어 있었던 것이나 마찬가지였다.

비슷한 사건이 지금의 남원·임실 지역이라고 여겨지는 기문己汶·대
사帶沙 지역을 놓고 다시 한 번 터졌다. 기문·대사 지역 역시 옛 마한 지
역으로 근초고왕 이후 백제에 흡수된 땅이다. 이들도 백제가 약화된 틈
을 타 독립했다.

백제는 이 지역에도 손을 뻗치기 시작했다. 독립을 원하는 이 지역이
의존할 수 있는 세력이라고는 임나밖에 없었다. 임나의 맹주 역할을 하
게 된 대가야도 지원을 아끼지 않았다. 기문·대사 지역의 분쟁은 백제
와 대가야의 싸움으로 발전했다.

이 분쟁은 치열한 외교전을 동반했다. 백제나 대가야나 분쟁을 벌이는
한편에서는 제3자인 왜의 지지를 끌어내기 위한 노력을 기울였다. 서로
왜에 사신을 파견하여 자신의 입장을 지지해줄 것을 요구했다.

왜로서는 잠시나마 난감해하지 않을 수 없었다. 백제나 임나의 대표격
인 대가야는 전통적인 우방이다. 우방들끼리 원수가 되어 서로 자신의
입장을 지지해달라고 하니, 둘 중 하나와의 우호관계는 포기하지 않을
수 없었던 것이다.

이 내용이 《일본서기》에는 백제와 대가야가 서로 기문 등의 땅을 달라
고 졸라 백제에게 주었다고 기록되어 있다. 물론 멀쩡한 자기 땅을 쉽게
남에게 주었다는 이런 기록은 허구이다. 앞서 밝힌 대로 일본 천황은 천

하의 영지를 마음대로 제후들에게 줄 수 있었던 것처럼 꾸미려는 《일본
서기》 특유의 거짓말에 불과하다.

기로에 선 왜는 한동안 중립을 지키며 사태를 주시했지만, 최종적인
선택은 냉정했다. 임나가 재기에 성공한 백제의 상대가 될 수는 없었다.
기문·대사 지역도 어차피 백제가 회복할 것이 뻔했다. 백제에게도 불만
이 많기는 했지만, 왜는 대가야의 필사적인 노력에도 불구하고 결국 백
제의 입장을 지지했다.

사실 백제의 입장을 지지하지 않을 수도 없었다. 싸움은 점점 백제에
게 유리하게 전개되었고, 기문 지역도 왜의 지지와 상관없이 백제의 수
중으로 넘어가 버렸다. 왜로서는 백제의 승리가 기정사실이 되어가는 상
황에서 공연히 백제의 미움만 살 필요는 없다고 느꼈을 것이다.

이 사건으로 대가야와 왜의 관계는 당연히 파탄이 났다. 대가야는 섭
섭함을 마음속에 묻어 두려고만은 하지 않았다. 대사강帶沙江, 지금의 섭진
강이라고 여겨진다 지역을 점령하고 강을 통해 백제로 가는 왜인倭人 물부련
物部連 일행을 급습했다.

백제는 왜와의 관계를 강화할 수 있는 좋은 기회를 잡았다. 목숨만 간
신히 건져 도망한 물부련을 목리불마갑배木刕不麻甲背를 보내 구조했다.
백제는 여기서 그치지 않고 물부련을 위로하고 선물까지 준 다음 주리즉
차州利卽次 장군과 함께 본국으로 귀환시켜 주었다. 백제는 이 틈에 왜에

호의를 베풀어 확실하게 자기편으로 붙잡아두자는 생각이었던 것 같다. 내친 김에 오경박사五經博士 한고안무漢高安茂도 파견해주었다.

백제와 왜가 가까워지기 시작하자 대가야는 위기를 느꼈다. 옛 마한 지역의 독립을 지원하여 백제와 임나 사이에 완충지를 만들려는 노력은 이미 실패했다. 기문을 비롯한 대다수 지역이 백제의 수중에 들어갔다. 이 분쟁을 통하여 오히려 임나의 힘만 가지고는 백제와 맞서기 어렵다는 사실은 분명해져가고 있었다.

아직 임나에 소속된 나라들이 대가야의 통솔을 따르고 있다고 하지만, 백제가 임나를 직접 위협하기 시작하면 어떻게 될지 몰랐다. 주변의 정세도 불리해졌다. 왜는 이미 백제의 편으로 돌아서 버렸고, 물부련 일행에 대한 습격 사건으로 감정까지 악화되었다.

가야의 대안은 신라

고립무원의 상태가 되는 것을 면하기 위해서는 무엇인가 돌파구를 찾아야 했다. 대가야의 선택은 신라에 접근하는 것이었다. 고구려도 있었지만 그것은 너무 위험한 선택이었다. 고구려와는 우호관계를 맺어본 적도 없을 뿐 아니라, 고구려에 접근한다는 것 자체가 백제와 돌이킬 수 없는 적대관계가 됨을 의미한다.

이 때까지 백제와의 분쟁이라는 것은 옛 마한 지역이라는 완충지역을 놓고 벌인 것이었지, 대가야나 임나의 운명을 걸고 벌인 분쟁은 아니었다. 그러나 고구려와 동맹을 맺는다면 문제가 심각해진다. 백제가 최대의 적인 고구려의 동맹을 가만히 놓아둘 리는 없다. 대가야나 임나가 직접적인 위협을 받을 수밖에 없다.

백제와의 관계에서도 운신의 폭이 좁아진다. 백제가 고구려의 동맹과 타협하려 할 턱이 없으니, 싸워 이기는 것 이외에는 선택의 여지도 없어진다. 자신의 운명을 걸 만큼 고구려를 믿기도 어렵다. 잘못하면 고구려에게 실컷 이용만 당할 수도 있었다. 이것은 대가야로서도 너무 위험한 도박이었다.

반면 신라에 접근하는 것은 입장이 전혀 달라진다. 이 시점에서 신라는 백제의 동맹이다. 따라서 신라와 동맹을 맺었다고 해서 백제가 대가야를 비롯한 임나를 적대시할 수는 없다. 그러면서도 백제와 신라는 막후에서 임나를 놓고 경쟁을 벌여야 하는 입장이 된다. 그 틈을 이용해서 자립의 기반을 잡을 수 있으리라는 것이 대가야 측의 계산이었다.

이런 생각에서 대가야는 522년 신라에 사신을 보내 혼인을 요청했고, 혼사는 결국 이루어졌다. 대가야의 의도는 혼사를 기화로 어떻게든 신라와의 동맹을 맺어보려는 것이었다. 대가야는 이를 추진하기 위해 무진 애를 썼다. 혼사가 이루어진 다음 다음 해 새로 개척한 영토를 시찰하러 변경으로 나온 신라의 법흥왕을 만나자고 청해서 회담까지 열었다.

내심 군사동맹 같은 양국관계의 발전이 있기를 기대했을 것이다. 그러나 신라의 반응은 냉담했다. 이 회담에서는 아무런 결론도 나지 않았고 법흥왕은 그대로 돌아갔다. 성과 없이 회담이 끝난 것으로 그치지 않았다. 양국관계에 더 이상의 발전이 없었음은 물론이고 오히려 기존의 관계마저 파탄이 났다.

사건의 발단은 신부를 따라온 신라 사람들이 가야에 와서 신라의 옷으로 바꾸어 입은 데에서 시작된다. 어떤 복장을 하고 왔다가 어떻게 복장을 바꾸었는지에 대해서도 말이 많았지만 어찌 되었건 사소한 복장문제에 왕인 아리사등阿利斯等이 몹시 분개했다.

이 일로 신라인 몇 명이 추방당하자 임나와 신라의 관계도 급격히 악화되었다. 신라는 이 시건을 기화로 왕녀를 소환하겠다고 나섰다. 관계 개선의 열쇠를 놓치고 싶지 않은 대가야는 이미 부부관계가 맺어져 자식이 생겼다는 사실을 내세우며 수습에 나섰지만 소용없었다. 이미 마음을 굳히고 있던 신라는 임나 지역인 도가刀伽 · 고파古跛 · 포나모라布那牟羅 3성과 북쪽 국경의 5성을 공격했다.

신라의 선택은 분명했다. 백제와 임나를 놓고 저울질했을 때 기울어지는 쪽은 뻔했다. 백제를 견제할 필요는 있었겠지만 힘도 없는 대가야나 임나와의 섣부른 동맹은 견제가 되기보다는 부담이 된다고 판단했다.

힘을 잃어가고 있다고는 하지만, 고구려는 아직도 신라에게 위협이었다. 별로 얻을 것도 없이 백제와의 협조관계에 악영향을 줄 생각은 없었다. 이런 상황에서 강도 높은 동맹을 요구해오는 대가야는 점점 부담스러운 존재가 되어갔다.

대가야와의 동맹을 파기하고 임나에 소속된 지역을 공격한 데에는 임나에 대한 야욕도 작용했을 것이다. 따지고 보면 임나에 대해서는 백제보다 신라가 먼저 손을 뻗쳤다. 4세기 중엽 얼떨결에 영향력을 잃고 말았지만 언젠가 옛날의 영향력을 회복하고 싶은 야욕이 생기지 않을 리는 없었다.

핑계 김에 임나 영역의 일부를 잠식해버린 것도 이런 야욕의 표현이라고 할 수 있다. 결국 신라 역시 대가야를 비롯한 임나를 버렸다. 임나는 다시금 국제적으로 고립된 것이다.

2. 성왕 등장 이후의 국제관계

아라가야의 저항 시도

성왕이 등장하기 이전 국제관계는 많은 변화를 겪었다. 일시적으로 고구려-신라와 백제-가야-왜를 잇는 두 동맹이 형성되어 충돌한 이후, 점차 신라와 가야까지 고구려에 대항하는 방향으로 뭉쳐 나아갔다. 그러다가 5세기 후반부터 백제가 그동안 우호적으로 지내던 가야와 분쟁을 벌이기 시작했다.

그렇게 된 근본적인 원인은 백제의 재기에 있었다고 할 수 있다. 개로왕 때 고구려에 타격을 받았던 백제는 일단 그 타격을 수습하는 것이 선결과제였다. 그 때문에 국제관계에 있어서도 고구려에 대항하기 위하여 다른 세력들과 협력 관계를 만들어 나아가는 것이 국가정책의 기본 구도라고 할 수 있었다.

그런데 성왕이 등장하기 직전에 이 상황이 바뀌었다. 어느 정도 세력을 회복한 백제가 잃어버린 국제사회의 맹주자리를 찾으려 했던 것이다. 그 첫 번째 목표가 이전에 백제의 세력권 아래에 있었던 가야였음은 자연스러운 현상이다. 가야를 다시 세력권 안으로 흡수하려는 백제와 이에 저항하는 가야 사이에서 분쟁이 생긴 셈이다.

분쟁의 흐름은 세력이 강한 백제에 유리하게 흘러갔지만, 이번에는 가야도 만만하게 백제에 굽히려고 하지는 않았다. 성왕은 바로 이러한 상황이 전개되던 중에 등극하게 되었다. 그러면 성왕 때 가야의 저항은 어떻게 전개되었을까?

신라와의 동맹까지 파탄 난 상태에서 대가야의 위상은 급격히 추락할 수밖에 없었다. 그렇다고 임나 전체가 그대로 주저앉은 것은 아니다. 연맹체라는 것이 통합된 힘을 발휘하기 어렵다는 약점을 가지고 있지만 외교적으로는 좋은 점도 있는 것 같다.

중앙집권적인 국가에서는 외교에 실패한다 하더라도 정권의 체면이나 대외적인 위상 때문에 외교정책을 순식간에 바꾸기는 어렵다. 또 한 번 권위가 실추되면 다른 정책을 들고 나온다 하더라도 주변에서 잘 상대해주려 하지 않는다.

민주공화국 체제의 현대국가에서야 정책이 실패하면 정권이 바뀌게 되고, 바뀐 정권이 정책을 바꾸는 게 이상할 이유가 없지만 왕조국가에서는 이러한 유연성을 기대하기 어렵기 때문이다.

그렇지만 연맹체는 이와 비슷한 유연성을 가질 수 있다. 연맹체라는 체제 자체가 특정한 나라의 전유물이 아니다. 따라서 연맹체의 대표격인 맹주도 사정에 따라서 얼마든지 바뀔 수 있다. 임나는 이미 금관가야에서 대가야로 맹주가 바뀐 경험도 있다.

그리고 연맹체에 소속된 나라들은 원칙적으로 독립국가이다. 맹주가 어떤 정책을 썼건, 실질적인 내용이 어떻든 연맹체 전체 단위로 취하지 않은 정책이든 간에 결국 맹주였던 나라가 독단적으로 행동한 것이었다고 치부해버릴 수 있다.

실제로 대가야는 기문·대사 지역을 둘러싼 분쟁에서나 신라와의 동맹추진에 있어서 대가야 자신이 단독으로 일을 처리하는 형식을 취했다. 일일이 다른 나라들의 동의를 얻는 성가신 과정을 없애려고 그랬을 수도 있지만 결과적으로는 임나에 소속된 다른 나라들이 자신들은 상관이 없는 일이라고 발뺌할 수 있는 여지가 생긴 셈이다.

대가야가 취한 대외정책의 실패가 명백해지자 임나에 소속된 나라들은 정책의 전환을 시도했다. 임나 내부의 개편을 통해, 더 이상 나설 처지가 못 되는 대가야를 대신하여 아라가야안라(安羅)라고도 함가 나서기 시작했던 것이다. 맹주가 바뀌었으니 정책이 바뀌는 것도 이상할 것이 없다.

임나 전체의 자주·자립을 확보한다는 목표는 같았지만 아라가야가 내세운 명분과 정책은 대가야의 것과 달랐다. 대가야가 주로 압력에 직접 맞서서 목적을 이루려 했다면 아라가야는 대립과 분쟁을 회피하는 외교에 승부를 걸었다.

아라가야의 계산은 이랬다. 어차피 힘으로는 임나 전체가 단결한다 하더라도 백제나 신라의 상대가 될 수 없다. 그러나 시대상황을 이용할 수는 있다. 4세기 말, 5세기 초처럼 고구려-백제같이 두 강대국 중심으로 세력구도가 잡히면 각 나라들이 취할 수 있는 외교정책의 폭이 좁지만, 절대적인 강자가 없어 생존을 위해 이합집산이 거듭되는 시대에는 국제사회의 역학이 미묘해진다.

이런 상황에서는 국제사회의 인심이 절대 강자가 나타나는 것 자체를 원하지 않게 된다. 그래서 어떤 나라라도 다른 나라에 함부로 압력을 넣게 되면 주변에서 집중 견제를 받기 십상이다.

아라가야는 이런 역학을 이용하려 했다. 자신이 주도하여 대대적인 국제회의를 열었다. 신라·왜는 물론 백제의 대표까지 초청되었다. 여기서

모두의 평화공존을 의제로 내걸었다. 자연스럽게 임나의 독립적 존속문

제도 포함되었다. 평화공존이 명분인 이상 아무도 대놓고 임나를 위협하

지는 못할 것이라고 생각했다.

고구려의 압력으로 많이 약화되었다고는 하지만, 아직 한반도 남부에

서 가장 강력한 힘을 가지고 있는 나라가 백제였다. 임나는 물론 신라나

왜도 이 점을 의식하지 않을 수는 없었다. 가장 위협적인 백제가 다른 나

라의 집중적인 견제를 받는 것도 당연했다.

임나에 대한 영향력 회복을 노리는 백제는 자연스럽게 소외되었다.

《일본서기》에는 백제의 대표 군윤귀君尹貴가 뜰을 서성이며 회의에 끼지

못함을 한스럽게 여겼다고 기록되어 있다. 여기까지는 아라가야의 의도

대로 되었다고 할 수 있었다. 백제의 대표가 소외감을 느끼는 것을 은근

히 즐기면서, 아라가야를 중심으로 한 임나의 요인들은 신라와 왜의 대

표들을 상대로 임나의 자주·자립을 보장받기에 바빴다.

반백제 외교전선의 강화와 좌절

이 노력은 어느 정도 결실을 거두었다. 아라가야는 왜를 끌어들여 임

나의 입장을 지지하도록 하는 데에 성공했던 것이다. 다시 말하자면 왜가 반백제 외교전선에 가담한 셈이다.

《일본서기》에는 임나왕 기능말다간기己能末多干岐가 왜에 구원을 요청했다고 기록되어 있다. 이 이상 구체적인 기록이 없기 때문에 자세한 속사정은 알 수 없지만, 이 장면을 액면 그대로 임나가 왜에 의지하기 위해 구원을 요청했다고 볼 수는 없다.

그러나 임나 측에서 임나 존속에 대한 왜의 지지를 얻어보려 했던 생각이 있었음은 확실하다. 왜에서도 아라가야가 중심이 된 임나의 움직임을 지원할 필요를 느꼈던 것 같다. 대가야와 사이가 벌어지기는 했지만 백제에 지나치게 의존하게 되는 상황이 달갑지 않았던 것이다.

기능말다간기는 왜에 사신을 보내 모종의 조치를 취해줄 것을 요구했고, 그 결과 왜에서는 이 무렵 근강모야신近江毛野臣이라는 인물을 임나에 파견했다. 그러나 왜가 지지해준다는 사실이 임나에 큰 힘이 되어주지는 못했다. 근강모야신이라는 인물의 파견목적과 활동에 관해서도 학자들 사이에 설이 엇갈리고 있지만, 당시 왜의 비중이나 그의 행적을 보아 임나를 둘러싼 상황에 그리 대단한 영향을 줄 만한 힘이 없었기 때문이다.

우선 근강모야신이 대동한 병력의 수준이 문제이다. 《일본서기》에는 6만 병력을 이끌고 왔다고 되어 있지만 신라의 3천 병력을 보고 임나의 기질기리성己叱己利城으로 들어가 농성하는 행태를 보이고 있다. 6만 병력이 겨우 3천 병력에 밀렸다는 점을 보면 과장임이 분명하다.

모야신이 사람을 마음대로 죽이고 괴롭힐 만큼 막강한 권력을 가지고 있었던 것처럼 보이는 기록도 있지만, 이것 역시 과장이다. 임나 측에서 대놓고 소환을 요구했던 것이다.

임나 측이 모야신과 병력파견을 요청한 이유는 왜병의 개입에 문제의 결정적 해결을 기대했기 때문이 아니라 외교적 시위효과 정도를 기대했기 때문이다. 모야신의 역할도 백제 · 신라 · 가야 관계를 포괄적으로 조종하는 것이 아니라 백제나 신라의 압력에 대해 임나와 왜의 이권을 보호하기 위한 외교적 시위를 하는 정도로 제한된 임무를 가지고 있었던 것 같다.

그러나 모야신과 그 휘하의 왜병들은 기대한 만큼의 역할을 하지 못했다. 백제나 신라와 접촉하면서 수행한 병력과 함께 무언의 시위를 해보려는 의도였으나, 백제와 신라 어느 쪽도 이를 용납하지 않았던 것이다. 실제로 모야신이 어떤 일을 하고 다녔는지에 대해서는 구체적인 기록이 남아 있지 않지만, 백제와 신라를 자극하고 다닌 것은 분명하다. 백제와 신라는 모야신만 나타나면 병력을 동원해서 체포하려 들었다.

신라와는 군사적인 충돌까지 빚은 것 같다. 모야신은 여기저기 불씨를 뿌려 놓고 다니면서도 막상 싸움이 벌어지면 대항해볼 생각조차 못하고 도망만 다녔다. 도망 다니는 지역은 당연히 임나 지역이었다.

쫓겨다니던 모야신은 결국 임나의 기질기리성에 틀어박혀 버렸다. 이런 모야신을 잡으러 신라군은 임나 지역까지 쫓아왔고 그 과정에서 임나의 촌락만 피해를 보았다. 《일본서기》에 의하면 금관金官 · 배벌背伐 · 안다安多 · 위타委陀 4개의 촌락또는 다다라(多多羅) · 수나라(須那羅) · 화다(和多) · 비지(費智)라는 4개 촌락이라고도 한다 이 신라군의 노략질을 당했다고 하며, 이것은 모야신의 책임이라고 비난하는 말이 인용되어 있다.

결국 백제와 신라의 압력을 극복하기는 고사하고, 공연한 분쟁을 일으켜 이리저리 쫓겨다니는 것이 고작이었던 셈이다. 이렇게 백제나 신라에 대해서는 별다른 역할도 못하면서, 외국에 파견된 군대가 늘 그렇듯이 힘없는 백성들에게 민폐나 끼치기 일쑤였다. 이렇게 모야신과 왜병이 무책임하게 말썽만 일으켜놓고 수습을 하지 못하자, 임나의 입장도 곤란해졌다.

이제는 임나 측에서도 모야신의 존재를 부담스럽게 여기기 시작했다. 백제와 신라의 압력만 더 받게 된 임나 측은 결국 모야신의 철수를 요구하게 되었다. 그렇지만 모야신은 철수를 거부했다. 임무를 제대로 수행하지 못한 채 귀국할 경우에 자신에게 돌아올 정치적 비난이 두려웠던 것 같다.

그러자 임나는 백제와 신라의 압력을 모면하기 위해서 양쪽 군대의 투입을 허용했다. 이 때 투입된 백제군과 신라군은 모야신을 잡는 데에는 실패했다. 그 대신 구례모라성久禮牟羅城을 쌓았으며, 돌아가는 길에 등리지모라騰利枳牟羅 · 포나모라布那牟羅 · 모자지모라牟雌枳牟羅 · 아부라阿夫羅 · 구지파다지久知波多枳의 5개 성을 격파했다고 한다.

애초부터 염불에는 관심이 없었는지도 모른다. 모야신을 잡는다는 명분으로 임나에 진주해서는 핑계 김에 임나에 거점을 마련하는 데에 더 신경을 쓴 것이다. 임무는 수행하지 못하면서 말썽만 일으키는 역할밖에 못하자, 모야신은 결국 본국으로 소환당하고 말았다.

이것이 실패의 전조였다. 힘이 모자란 임나와 왜가 연합하여 백제와 신라의 압력을 극복해보자는 것이 모야신이 파견된 목적이었다. 그러나 임나만큼이나 힘이 없는 왜의 개입은 백제와 신라의 압력 때문에 아무런 효과도 볼 수 없었음은 물론, 그들에게 이용만 당할 수밖에 없음이 드러난 것이다. 임나의 입장을 지지한 왜의 개입이 효과를 거두지 못했다는 것은 이제 임나에 대한 백제 등의 압력을 막을 수단이 없음을 의미했다.

힘이 없는 외교의 한계는 곧 드러났다. 아라가야를 중심으로 한 임나의 활동에 자극을 받은 데다가 왜의 개입까지 차단한 백제는 여세를 몰아 임나의 기를 꺾어버렸다. 군대를 동원하여 아라가야로 쳐들어가 아라가야의 대외활동을 봉쇄시켜버린 것이다.

신라와 왜는 백제의 행동이 못마땅했겠지만 그뿐이었다. 신라는 아직 고구려의 위협이 상존하고 있는 상황에서 임나를 구하자고 백제와의 군사동맹에 악영향을 줄 생각은 없었다. 그리고 내심으로는 백제에 못지않을 만큼 임나에 야심을 가지고 있었다. 왜는 이미 임나를 위해 아무것도 할 수 없다는 것이 드러난 상태였다.

사태는 임나에 절망적으로 흐르고 있었다. 내심 백제를 경원하면서도 막아줄 나라는 없었다. 이제는 외교적으로도 임나의 자립을 보장받을 수 없음이 명백해졌다.

가야세력의 이탈

백제가 아라가야의 평화적 자립 노력을 무력으로 짓밟아버리자, 자립을 이룰 수 없다는 절망감이 서서히 임나 소속국들 사이에 번지기 시작했다. 이제 임나 소속국들은 힘으로도, 외교로도 백제의 손아귀에서 벗어날 방법이 없다는 사실을 깨닫게 되었다. 다른 대책을 강구하지 않을 수 없었다.

어차피 자립할 수 없다면 어느 쪽엔가 흡수·통합될 수밖에 없다. 임나의 정서상 백제는 투항 대상이 아니다. 여러 가지로 거리감이 있는 고구려도 투항할 대상이 되기가 어려웠다. 임나에 소속된 나라들이 투항대상으로 삼기에는 신라가 그나마 선택이 가능한 대상이었다.

신라는 자신에게 유리한 상황을 만들기 위해 임나의 입장을 최대한 이용했다. 신라의 전략은 일단 임나에 소속된 나라들을 상대로 끊임없이 무력시위를 하는 것이었다. 그렇지만 일방적으로 위협만 한다면 신라에 대한 임나의 정서도 백제와 마찬가지로 반감만 높아질 수 있었다. 반감을 불식시키려면 임나에 소속된 나라들을 회유할 필요가 있었다. 신라는 무력시위를 통해 압력을 넣는 한편, 막후에서는 투항 이후의 신분보장을 약속하며 회유했다.

이렇게 이중적인 목표를 달성해야 했기 때문에 신라의 무력시위는 여러 가지 효과를 노리고 있었다. 먼저 임나에 소속된 나라들 자체를 위협할 수 있었다. 당장은 임나에 소속된 나라들을 흡수하는 데 신라가 가장 유리하다고는 하지만 상황이 언제 어떻게 바뀔지 모른다.

가급적 빠른 시간 내에 독립을 포기하고 투항하도록 압력을 넣어야 할 필요가 있었다. 이렇게 임나를 투항시키고자 한다면 일단 자립할 수 있다는 자신감부터 없애버려야 했다. 그러기 위해서는 항상 위협받고 있다는 사실을 확인시켜야 했다. 쉽게 말해서 망설이는 임나의 나라들에게 '어차피 자립은 틀렸으니 어서 항복하라' 는 압력을 넣을 필요가 있었다는 것이다.

이와 함께 또 다른 효과도 노릴 수 있었다. 나라를 다스리는 왕족들은 독립을 유지하기 어려운 상태에서 신라의 회유에 귀가 솔깃해지는 것은 당연하다. 그러나 귀족들은 입장이 다를 수 있다.

왕족들은 나름대로 신분 보장을 받을 것이고, 항복한 왕을 따르는 측근들에게는 신라 측에서도 왕족에 준하는 대우를 해주겠지만, 나라 안의 모든 귀족들에게까지 일일이 보장을 해주기는 어렵다. 더구나 신라에 흡수될 경우, 왕족들조차 신라의 일개 귀족으로 전락한다. 하물며 임나의 조그마한 나라의 귀족층이라면 신라의 지방 호족 정도로 강등되는 셈이라고 보아야 한다.

이런 운명을 맞아야 하는 귀족들로서는 신라에의 통합이 별로 내키지 않을 수도 있다. 또한 임나에 퍼져 있던 정서와는 달리, 정치적인 이권 때문에 친백제적 성향을 가진 인물들도 있을 수 있다. 잘못하면 나라 안의 정쟁만 격화되고 결단을 내리기조차 어려워질 수도 있었다.

신라가 아무런 조치도 취하지 않고 이런 상황을 방치한다면, 내부의 정쟁을 핑계로 하염없이 시간을 끌 수도 있었다. 이런 상황을 방지하기 위해서라도 무력시위가 필요했다. 일단 시간을 끌 수 없게 하면서 투항할 명분도 제공해줄 수 있었다. 내부의 반대세력에 대한 경고가 될 수도 있었기 때문에 자연스럽게 신라에 내응하는 세력을 지원하는 효과도 낼 수 있다. 이렇게 해서 내부의 반대를 제압하고 투항해오도록 유도할 수 있었다.

이런 전략이 실제로 효과를 나타내기 시작했다. 독립을 포기하고 신라로 투항하는 나라들이 생겨나기 시작했던 것이다. 여기에는 초기 임나의 중심이었던 임나가라, 즉 금관가야가 포함되어 있었다.

금관가야의 신라 투항과 반작용

신라의 무력시위와 백제의 압력 사이에서 고민하던 금관가야의 마지막 왕인 구형왕仇衡王은 마침내 중대 결심을 했다. 금관가야는 백제군이 아라가야에 진주한 바로 다음 해에 신라에 귀순해버린 것이다.

이 대가로 금관가야의 왕족들은 진골眞骨의 지위를 얻었으며 셋째 왕자인 무력武力은 각간角干의 지위까지 올라갔다. 그렇지만 이것으로 한때 임나의 맹주로 군림했던 금관가야의 명맥은 완전히 끊겨버렸다.

금관가야뿐 아니라 탁기탄啄己呑·탁순卓淳 같은 나라들도 이 무렵 신라에 투항했다. 이들의 심정은 같았다. 어차피 임나가 백제에게서 벗어나 독자노선을 걷는다는 것은 불가능해졌다. 신라도 압력을 넣고 있지만 백제의 압력도 날이 갈수록 심각해져 왔다. 그렇다면 차라리 신라에게 좋은 조건으로 투항하는 편이 낫겠다고 생각한 것 같다.

이 나라들이 신라에 투항해버리자 백제에는 당장 비상이 걸렸다. 그동안의 우려가 현실로 나타난 것이다. 그리고 이것은 정치상황의 탓만 하고 있을 문제도 아니었다. 조금만 더 깊이 생각해보면, 백제와 신라가 세력권 안으로 들어온 집단을 대하는 정책의 차이가 문제의 근본 원인이라고 볼 수도 있다.

신라는 국가의 모양을 갖추기 시작하면서부터 주변의 작은 나라들을 정복하면 곧바로 신라의 한 지방을 의미하는 군郡 · 현縣으로 만들어버렸다. 그 지역의 유지들에게도 골품을 매겼다. 기본적으로 신라라는 나라의 제도권으로 흡수해버린 것이다.

이 과정에서 저항을 많이 받을 수는 있지만, 저항을 분쇄하고 일단 안정시키기만 하면 신라라는 통합된 왕국의 틀 안에서 강력하게 통제할 수가 있다. 이 때 흡수한 임나의 나라들에게도 이 정책은 예외 없이 적용되었다.

반면 백제는 정치 · 문화적으로 이질감을 느끼는 지역, 특히 가야 즉 임나 지역에 대해서는 기본적으로 자치를 허용해왔다. 사정이 좋을 때는 별다른 저항 없이 이들을 통솔해 나아갈 수 있다는 이점이 있지만, 백제에 대한 반감이 높아지는 것 같이 정세가 나빠지는 상황에서는 이들을 통제하는 데 난점이 생긴다.

임나를 만든 당사자이면서도 백제가 임나에 소속된 나라들에게 반감을 얻게 된 이유 중 하나도 결국은 간접 통치의 한계 때문이라고 할 수 있다. 직접 통치를 하게 되면 하나의 나라로 통합된다는 의미에서 안정감이 생길 뿐 아니라, 그 지역의 안보 같은 문제에 대해서도 중앙정부에서 일단은 책임을 지게 된다.

그러나 간접 통치 방식에서는 문제가 있다. 얻어갈 것은 다 얻어가면서도 그 지역의 안보에 대해서 근본적으로 책임을 지는 것이 아니다. 임나는 고구려가 임나가라를 정벌할 때 이 점에 대해서는 철저하게 교훈을 얻은 바 있다.

백제도 이러한 문제점을 깨달았겠지만, 몇백 년 전부터 허용해온 자치를 하루아침에 못하도록 해버릴 수는 없었을 것이다. 그 대신 백제는 임나에 대한 통제를 강화하는 쪽으로 정책을 바꾸었다.

신라의 위협을 막겠다는 명분을 내세워 백제의 하위직 관리인 군령郡令·성주城主를 파견한 것이다. 군령·성주는 임나의 요소요소에 배치되어 임나에 소속된 나라들의 움직임을 파악하고 보고하는 임무를 맡고 있었던 것 같다. 백제는 이들을 이용하여 임나 소속국을 강력하게 통제하기 시작했다. 이렇게 해서 임나의 일부는 신라에 통합되고, 나머지는 백제의 통제를 받게 되었다.

3. 맹주의 지위를
되찾기 위한 '임나재건'

'임나재건' 의 속뜻

금관가야 등이 신라에 투항해버리자 백제는 앞에서 본 바와 같이, 일단 임나에 대한 통제를 강화했다. 그러나 통제를 강화하는 것만으로 해결될 수 있는 문제가 아니었다. 통제를 강화한다고는 하지만 신라처럼 자기 나라의 한 지방으로 흡수하는 것과는 근본적으로 다르다.

백제도 임나 지역의 나라들을 흡수·통합해버리지 않는 한, 최소한의

자치는 보장해줄 수밖에 없다. 명색뿐인 독립국가라 해도 다른 나라의 정책에 일일이 간섭한다는 것은 불가능하다. 임나에 남아 있는 나라들이 기본적으로 백제에 반감을 가지고 있는 한, 언제까지나 백제 편에 붙어 있으리라는 보장도 없었다.

더구나 통제를 강화하면 극단적인 반발이 나올 수도 있었다. 금관가야만 해도 백제가 아라가야에 대하여 무력을 동원한 우격다짐을 벌이자, 이에 대한 반발로 신라에 투항해버린 것이다. 임나와의 관계가 계속 이런 식으로 지속된다면 백제에 유리할 것이 없었다. 잘못하면 백제가 그동안 쏟아부은 노력은 모두 물거품이 되어버리고 신라만 어부지리를 얻을 것이 명백했다.

사태를 수습해야 했다. 이때 성왕이 내놓은 수습책이 바로 '임나재건 任那再建' 책이다. 임나부흥이라는 식으로도 썼던 이 계획의 표면적인 명분은 임나를 강력하게 재편하자는 것이다.

이 당시 임나 소속국들이 서로 협조하고 있었다고는 하지만 독립국가들의 연맹체라는 것이 일사불란한 체제를 갖추기는 어려웠다. 주변의 위협에 취약할 수밖에 없었던 것도 임나 자체의 잠재력이 적었다기보다는 힘의 결집이 어려웠기 때문이라고 보아야 할 것이다.

표면적으로는 힘의 결집을 위한 체제를 강화시키자는 것이 명분이 될 수 있었다. 여기에 임나를 강화하면서 신라에 투항해버린 금관가야·탁순·탁기탄 등도 다시 임나에 소속시키겠다는 희망까지 추가했다.

물론 표면적인 명분은 어디까지나 명분에 불과했다. 임나의 결속력을 강화시키자는 데까지야 임나 소속국들도 반대할 이유가 없지만 문제는 어떻게 강화시키느냐는 것이다. 결속력 강화가 필요하다는 사실은 임나 소속국 스스로가 뼈저리게 깨닫고 있었고, 이미 끊임없이 시도되고 있었다.

소속국 사이의 협조도 어느 정도까지는 잘 되고 있는 편이었다. 적어도 대외정책을 두고 임나 소속국들 사이에 분쟁은 거의 없었다. 그리고 무엇보다도 임나의 결속력 강화는 소속국들이 스스로 해결해야 할 문제였다. 백제가 나설 일이 아닌 것이다.

금관가야·탁기탄 등을 원상회복시킨다는 내용도 많이 나타나지만 이것 역시 실질적으로 불가능하다. 이 내용 대로라면 서로 원해서 통합한 신라와 금관가야 등에 대해 다시 갈라서라는 간섭을 하겠다고 선언한 것밖에 안 된다.

이런 극단적인 내정간섭은, 신라는 물론 신라에 투항한 나라들조차 받아들일 리가 없다. 외교협상의 대상으로조차 고려할 수 없는 것이며, 상황에 따라서는 선전포고로까지 받아들일 수 있는 내용이다. 당사자들이 그렇게 받아들일 수밖에 없는 내용을 밀어붙인다면 신라와의 충돌은 물론 당사자인 금관가야 등과도 전쟁을 각오하지 않으면 안 된다.

당시 백제의 외교 목표는 고구려와의 대립을 우선 염두에 두지 않을 수 없었다. 백제는 신라와 협조관계를 유지하는 것이 중요했고 임나와도 가급적 충돌은 피해야 할 입장이었다. 그럼에도 신라와 금관가야, 탁기탄 등과 대규모 무력충돌을 각오할 수밖에 없는 일을 외교현안으로, 그것도 임나와 왜까지 끌어들여 추진하려 할 수는 없었다. 그러므로 《일본서기》에 기록해놓은 대로 금관가야·탁기탄의 원상회복이 목적은 아니었다.

당연히 실질적인 내용은 달랐다. 이 계획의 기본골격은 4세기 근초고왕대에 성립했던 백제-가야-왜 동맹체제를 재건하자는 것이다. 그러면 임나의 결속력이 일단 강화되는 것은 분명하다.

그러나 이는 실질적으로 백제의 통제를 전제로 놓고 있는 것이다. 쉽게 말해서 '임나재건'이란 임나에 소속되어 있는 나라들을 재건해주겠다는 것이 아니라 임나를 백제가 통제하던 근초고왕 대의 형태로 되돌리겠다는 뜻이다. 금관가야 등을 임나에 다시 소속시키겠다는 것도 임나가 강화되면 그런 희망도 있다는 정도의 선언적 의미에 불과하다.

당사자인 임나 소속국들보다 백제가 이 계획에 적극적으로 나서는 것도 당연하다. 말이 '임나재건'이지 사실상의 내용은 근초고왕 때처럼 가야제국에 왜까지 임나에 묶어놓고 마음대로 조종하겠다는 것이다.

백제는 신라까지 참여시키려 했다. 일단은 가능하다고 생각할 수도 있었다. 근초고왕 때에는 신라의 기득권을 빼앗아 가야와 왜에 이권을 보장해주는 체제였으므로 신라의 반발을 살 수밖에 없었다. 신라가 고구려에 접근하지 않을 수 없었던 것도 이 때문이다.

그러나 6세기인 성왕 대에는 사정이 다르다. 신라도 백제와 함께 고구려와 대립하는 상황이었으므로 굳이 신라를 소외시킬 필요가 없다. 이런 계산에서 성왕은 일단 신라의 의사를 타진하려 했다.

그러면서도 직접 나서서 신라와 접촉하지 않고 임나를 내세웠다. 임나의 대표자들인 임나한기들에게 신라의 의사를 타진하도록 지시한 것이다. 무엇보다 임나재건은 임나의 뜻이라는 점을 내세우고 싶었던 것 같다.

또 백제가 직접 나서면 신라와 까다로운 협상을 벌여야 하는 점도 싫었을 것이다. 그보다는 임나를 통해 백제중심의 동맹체제가 만들어지는 것은 기정사실이라는 점을 인식시킨 뒤 '우리는 상관없으니 참여하든 말든 알아서 하라' 는 식으로 밀어붙이는 편이 낫다고 생각한 것 같다. 임나의 의사라는 점을 내세우면 최소한 4세기 중엽의 구도를 재현하는 데 신라의 묵인 정도는 얻을 수 있다는 계산이었다.

백제에 대한 저항의 강화

그렇지만 이런 구상은 애초부터 무리였다. 신라는 말할 것도 없고 임

나 소속국이나 왜까지도 백제가 내놓은 계획에 대해 달가워하지 않았다. 백제가 이런 계획을 세운 의도는 뻔했다. 임나·왜에 신라까지 동맹으로 묶어놓고 백제가 조종하겠다는 뜻이다.

이제 겨우 자립을 해보려 하는 임나의 입장에서는 좋은 소식이 아니었다. 말이 임나재건이지, 실제로는 임나 소속국들이 백제가 원할 때마다 고구려 같은 나라에 대해 화살받이나 되어주는 임나로 되돌아가라는 얘기밖에 되지 않는다. 이렇게 되는 사태를 좋아하면 오히려 이상한 일이다.

왜의 입장도 별로 다를 것이 없다. 금관가야 등이 다시 임나에 소속되는 것까지는 왜도 원하는 부분이다. 신라보다는 임나가 강화되는 편이 왜에게도 유리한 것은 사실이다. 그렇지만 백제가 통제하는 임나가 된다는 전제에서는 사정이 다르다.

기본적으로 백제-왜 관계가 우호적이라고는 하지만 상황에 따라 어떻게 바뀔지 모른다. 오래 전 일이라고는 해도 왜로서는 신라를 둘러싼 외교에서 백제에게 당한 배신감을 잊을 수 없었다. 백제가 신라까지 포함된 동맹을 조종하게 된다면 왜에 대해서도 어떻게 나올지 알 수 없게 된다.

신라의 입장은 말할 것도 없었다. 이미 백제와는 동등한 입장에서 서로 지원하며 동맹을 맺어 놓았는데 굳이 백제가 주도하는 동맹체에 들어갈 이유가 없었다. 아예 그런 동맹체가 생기는 것부터가 달갑지 않았다.

주변의 모두가 달가워하지 않는 계획이건만 백제의 성왕은 밀어붙였다. 임나한기들에게 신라와 접촉하고 그 내용을 보고하도록 지시했다. 얼마 후 성왕은 임나한기와 왜의 요원을 소환해서 자신의 지시를 확인했다. 임나한기들은 신라와 접촉했지만 그들을 통해 돌아온 대답은 당연히 성왕에게 불만스러운 것이었다.

'신라와 몇 번 접촉해봤지만 아무 대답도 없었고 앞으로도 없을 것'이라는 게 임나한기들이 보고해온 내용이었다. 덧붙여서 이 계획을 계속 밀어붙이면 '탁순같이 신라에 병합되는 나라가 다시 생기지 않는다는 보장을 할 수가 없다'는 은근한 협박이 뒤따랐다.

뜨끔해진 성왕은 근초고왕 대의 상황을 회고하는 것으로 임나한기들을 달래며 우회적으로 응수했다. "우리 선조 근초고왕 · 근구수왕 때처럼 서로 통교하면서 동생이나 아들같이 여기며 잘 지내려 했는데 오늘날 이 사태는 어찌된 일인가" 하는 식의 한탄을 늘어놓고 이렇게 된 것은 모두 성왕 자신의 탓이라는 겸양의 미덕을 보여 임나한기들을 누그러뜨린 뒤 본론을 시작했다.

"이제 백제가 직접 신라의 의사를 타진해볼 것이다. 혹시 일이 잘못되어 신라가 침략해 오더라도 백제가 막아줄테니 안심하라"고 임나가 원하지도 않는 안전보장까지 해주었다. 그리고는 은근히 뼈 있는 말을 던졌다. 탁순이나 탁기탄, 남가라금관가야 등이 망한 것은 신라가 강해서 그런 것이 아니라 다 이유가 있어서 망했다는 것이다.

성왕 입장에서 차마 백제가 싫어 신라로 투항했다는 말을 입에 담을 수 없었다. 그래서 신라에 투항한 나라들의 땅이 협소했느니, 해마다 공격을 받았느니 하는 핑계를 댔다. 하지만 임나한기들에게 전하려는 뜻은 다음과 같이 분명히 했다.

"금관가야 같은 나라들이 신라에 투항한 것은 단순히 힘이 모자라서만은 아니다. 그들 자신이 원하지 않았으면 신라 혼자서 그렇게 쉽게 그 나라들을 흡수·통합할 수는 없다. 임나의 다른 나라도 백제와 틀어지면 언제든지 등을 돌리고 신라로 투항할 수 있다는 것도 안다. 그러나 그렇게 되면 너희들도 독립을 잃어버리는 셈이니 피차 원하지 않는 상황이다. 앞으로 그런 불행한 사태가 일어나지 않도록 하자."

회의는 앞으로 잘해보자는 말과 함께 선물을 안겨주며 마무리되었다. 기록에는 임나한기들이 기뻐하며 돌아갔다고 되어 있지만, 그들의 내심까지 그랬던 것 같지는 않다.

선물을 주는데, 싫은 표정을 지을 사람은 없으니 눈앞에서야 당연히 기뻐했을지 모른다. 그렇지만 임나한기들의 뇌리 속에는 어떻게 하면 이 계획을 무산시키느냐는 생각밖에 없었다. 왜도 이런 생각을 가지고 있기는 마찬가지였다. 이러한 생각은 곧 행동으로 나타났다.

백제가 임나한기들에게 신라와 접촉하도록 시킨 의도는 동맹체의 확대·개편이라는 계획이 백제만이 아니라 임나도 원하는 사안이라는 인상을 주기 위해서였다. 그러나 신라와 접촉한 임나는 백제의 의도와는 전혀 다른 일을 꾸몄다. 백제의 계획을 무산시키기 위해 신라와 임나가 어떻게 협력하느냐는 모의를 한 것이다.

임나재건을 사이에 둔 줄다리기

임나는 적극적으로 움직이기 시작했다. 신라와의 결혼동맹이 파탄 나며 대가야의 위상이 추락한 이후 아라가야가 임나의 맹주로 나섰음은 이미 언급한 바 있다. 임나의 대표부도 아라가야로 옮겨갔다.

이른바 '일본부'도 당연히 아라가야로 옮겼다. 이때부터 아라가야와 아라가야에 자리잡게 된 일본부는 서로 협조해서 백제의 계획을 방해하기 시작했다. 아라가야와 일본부는 신라와도 협조를 모색했다.

사태가 심상치 않게 돌아간다는 사실이 백제에게도 감지되었다. 백제의 의도는 신라를 자국이 주도하는 동맹체제에 끌어들이자는 것이지, 자신이 제외된 상태에서 신라-임나-왜가 협력하도록 하자는 것은 아니었다. 그러므로 백제를 소외시키고 접근하는 신라-임나-왜의 활동을 더 이상 방관할 수 없었다.

당장 아라가야에 사신을 파견해서 신라와 접촉하고 있는 임나집사들을 소환했다. 소환된 임나집사들에게는 다시 한 번 근초고왕·근구수왕대의 관계를 강조하며, 빈말이겠지만 겸허하게 반성한다는 뜻을 전하고 신라의 야욕에 대해 경고했다.

아무래도 언제든지 신라에 투항해버릴 수 있는 위험이 항상 존재하고 있기 때문에 심한 압력을 넣을 수는 없었다. 임나에 대해서는 그동안 잘못한 점을 반성하고 있으니 앞으로는 임나를 보호하기 위해 같이 잘해보자는 정도로 그치고 만다.

그렇지만 왜에 대해서는 사정이 달랐다. 왜에게는 외교·정치적으로 선택의 여지가 별로 없었다. 임나에 속한 나라들처럼 독립을 포기하고 신라에 투항할 상황도 아니고, 그렇다고 백제를 버리고 신라나 고구려와 손을 잡을 수도 없었다.

백제는 이 점을 이용하여 강력하게 압력을 넣었다. 왜의 요원 하내직河內直에게는 신라와 모의한 데 대하여 별도로 강력한 경고가 주어졌다. 이른바 '일본부'에 배치된 왜의 요원들에게도 '임나가 없어지면 너희들도 기반이 없어진다'는 점을 강조하며 임나를 노리는 신라의 야욕을 경고했다. '지금은 잘 지내는 척 하지만 이것은 임나를 손에 넣기 위한 속임수일 뿐이니 경솔하게 신라와 모의할 생각을 하지 말라'는 것이다.

백제의 압력이 집요해지자 임나와 왜도 나름대로 대책을 세웠다. 백제에게 역으로 까다로운 조건을 제시하며 협상의 난항을 유도하자는 것이다. 그 조건은 임나에 배치된 백제의 군령·성주를 철수시키라는 것이다. 이 조건을 들어주고 '임나재건'을 추진하면 백제가 눈의 가시처럼 여기고 있었던 왜의 요원 하내직 등을 본국으로 소환하겠다는 제의를 했다.

임나에 배치된 군령·성주 같은 백제 요원이 철수하게 되면 임나에 대해 백제가 간섭할 수 있는 수단이 현저하게 줄어든다. 임나와 왜는 이 점을 노린 것이다. 그렇게만 되면 허울뿐인 동맹에 응해준다 하더라도 실질적인 수단이 없어지게 되어 백제의 간섭은 오히려 줄일 수 있다.

성왕은 이 제안을 참모들과 논의하지만 결론은 당연히 '군령·성주는 철수시킬 수 없다'는 것이었다. 백제 측에서는 한술 더 떠서 하내직·이나사移那斯·마도 등 왜의 요원을 무조건 아라가야에서 추방하고 임나집사들을 소환하려 했다.

이런 의도로 시덕施德 고분高分을 보내어 임나와 일본부 집사를 소환했으나 백제의 의도를 눈치챈 임나와 일본부 집사들은 "정월 초하루를 지내고 가겠다"는 핑계로 완곡하게 거절했다. 정월 초하루가 지나고 백제가 재차 사신을 보내어 임나와 일본부 집사를 소환했으나 이번에는 "제사가 있다"는 핑계로 거절했다.

성왕의
뚝심과 한계

그렇다고 포기할 백제가 아니었다. 또 사신을 보내어 재촉하자 임나와

일본부는 마지못해 지위가 낮은 실무진만 보내버렸다. 통신수단도 별로

없는 당시 상황에서 모든 사안에 대해 상부의 훈령을 받아야 하는 실무진

만 가지고서는 협의가 제대로 될 턱이 없었다. '임나재건'을 위한 협의는

또다시 무산되었다.

백제는 이 과정에서 근초고왕 때와 달라진 임나 관리의 한계에 대해

새삼스럽게 깨닫지 않을 수 없었다. 4세기에는 목라근자 같은 백제 요원

이 현지에 상주하며 임나요인들을 수시로 소집하여 현안을 논의하게 하

고 백제가 원하는 사항을 지시할 수도 있었다. 백제가 원하는 일을 효율

적으로 추진할 수 있었던 것이다.

성왕은 광개토왕의 임나가라 정벌 때 받은 타격 때문에 이런 체제를

가질 수 없었다. 백제 요원이 현지에서 임나의 요인들을 통제·감독할

수단이 없어진 것이다. 어쩔 수 없이 임나의 대표자들을 백제의 수도 사

비泗沘로 소집하여 성왕이 이들을 상대로 직접 현안을 논의하는 형태를

갖출 수밖에 없었다.

근초고왕 때와는 달리, 자발적으로 협조해주지도 않는 임나의 대표자

들을 자기나라 근처도 아닌 사비까지 소집하는 데에는 당연히 무리가 따른다. '임나재건'을 위해 임나한기들을 소집하는 과정에서 자국의 사소한 사정을 내세워 소집에 응하지 않는 수법도 임나 측이 이런 점을 이용하려는 의도를 노골적으로 드러내는 것이었다.

백제로서도 이대로 끌려만 가고 있을 수는 없었다. 백제 측은 여덕 마무馬武·여덕 고분옥高分屋·여덕 사나노차주斯那奴次酒 등 대규모 사신단을 임나에 파견하여 강력하게 경고했다. 벌써 세 번씩이나 소환에 응하지 않은 점을 따지며 책임을 물은 것이다.

특히 왜의 요원 하내직 등에게는 본인은 물론 그들의 선조까지 "나쁜 짓만 해왔다"고 인신공격성 비난까지 해대며 본국으로 소환시키도록 하겠다며 으름장을 놓았다. 그리고는 병력과 물자를 동원해야겠다는 구체적인 계획을 내놓으며 협의를 종용했다.

다급해진 왜의 요원들은 본국의 훈령이 제대로 전달되지 않아 백제의 소환에 응하지 못했다고 변명을 늘어놓았다. 뿐만 아니라 임나와도 협의할 수 없어 임나까지 백제의 소환에 응하지 못했다고 대신 변명까지 해주었다. 왜의 요원들에게는 본국으로 소환하도록 압력을 넣는 것 이외에 별다른 보복조치를 취할 수 없다는 점을 교묘히 이용하여 그들이 모든 책임을 덮어쓰는 전략을 쓴 것이다.

이미 왜의 요원들과 입을 맞춰놓은 임나한기들도 백제의 소환에 응하려 했으나 왜의 요원들과 협의가 되지 않아 가지 못한 것이라고 변명했다. 그러나 더 이상 버티는 데 한계를 느껴 앞으로의 협조를 다짐할 수밖에 없었다.

협조를 다짐받기는 했지만 이런 정도로 백제가 마음을 놓을 리는 없었다. 백제는 일을 확실히 하기 위해서라도 왜 본국에 사신을 파견했다. 왜 요원의 행적에 대해 낱낱이 항의하며 미천한 자들 때문에 일을 그르칠 수 없으니 당장 소환하라고 요구했다.

왜왕의 입장이 난처해졌다. 왜 요원들의 행태에 대해서는 '나는 모르는 일'이라며 딴전을 부렸다. 입장이 곤란해지면 실무진에게 책임을 미루는 것은 고전적인 수법이다. 이를 모를 리가 없는 백제는 "신라와 모의하는 게 왜 본국의 뜻이 아니라면 멋대로 일을 처리한 너희 요원들은 당장 소환해야 할 것 아니냐"고 다그쳤다.

그래도 왜는 그들의 소환에 대해 확답을 주지 않고 회피했다. 왜의 입장에서는 내심 충실하게 임무를 수행하고 있는 자기네 요원을 소환하기 싫었을 것이다.

백제도 쓸데없이 입씨름만 벌이고 있지는 않았다. 왜 본국에 일침을 놓고 난 후 성왕은 다시 왜의 요원 길비신吉備臣과 임나집사를 소환했다. 이번에도 임나를 재건해야 할 당위성을 피력하고 길비신과 임나한기들의 의견을 물었다. 성왕의 의도를 뻔히 아는 길비신과 임나한기들은 "이번 일은 대왕 뜻에 달렸으니 대왕의 뜻에 따르겠다"고 대답했다.

성왕은 다시금 과거부터 이어져온 임나와 백제와의 관계를 강조하며 인지미印支彌 같은 왜의 요원과 신라에 대한 비난을 덧붙였다. 그러고 나서 탁순이나 금관가야를 다시 임나에 귀속시킬 포부를 피력했다. 물론 이 자체는 현실성이 없지만 나름대로 노리는 바가 있었다.

성왕은 금관가야 등의 임나 복귀를 명분삼아 자신이 구상한 세 가지 구체적인 안을 내놓았다.

첫째는 신라와 아라가야 사이의 접경지역에 병력을 배치하겠다는 것이다. 이를 위해 왜병의 파견을 요구하며 비용은 백제가 대겠다는 제안을 했다. 둘째로는 백제의 군령·성주는 임나에서 철수시키지 않겠다는 것이다. 이 역시 고구려나 신라의 침략을 막기 위한 것이라는 명분을 내세웠다. 마지막으로 길비신·하내직·이나사·마도 등 왜의 요원은 본국으로 소환하는 것이다.

이것만 관철되어도 백제가 손해볼 일은 없다는 계산이었다. 서슬 퍼런 성왕의 기세에 눌린 길비신과 임나한기는 "원칙적으로 동의하지만 일본부의 최고책임자와 아라가야·대가야 왕에게 보고하고 승인을 받아야 한다"는 핑계로 역시 확답을 회피했다.

다음 해 백제는 중부 호덕護德, 보제菩提 등을 임나에 보내 오吳나라 화폐를 임나와 왜의 요원에게 돌리고 왜 본국에는 불상을 보내며 회유를 시도했다. 하지만 특별한 성과는 얻지 못했다.

임나와 왜를 회유한다는 것이 어렵다고 판단되자 백제는 임나와 왜에 대한 압력을 강화하기 시작했다. 왜에게도 더 이상 논의하자는 식의 태도가 아니라 병력을 내놓으라는 구체적인 제안을 내놓고 대답을 요구했다. 백제의 압력이 강해지자 왜도 더 이상 거부하지 못하고 병력을 파견하겠다는 확답을 해주었다.

부분적인 문제는 이렇게 조금씩 백제의 의도대로 풀리고 있었지만 근본적으로 해결된 것은 아니었다. 모두가 백제에게 협조하겠다고 하면서도 말뿐이었고, 실제로 제안된 사안에 대한 구체적인 실천 문제에는 대화조차 회피하고 있었다.

고구려의 위협에 공동대처해야 한다는 입장 때문에 백제의 제안에 대해 함부로 반발할 수 없는 신라는 아예 백제 측과의 접촉 자체를 회피하고 있었다. 임나와 왜는 어쩔 수 없이 백제와의 대화에 응하면서도 구체적인 논의는 진척시키지 않았다.

논의조차 할 수 없는 상황에서는 '임나재건'이라는 계획 자체의 결실을 본다는 것이 불가능했다. 백제도 신라 · 임나 · 왜가 자신의 계획에 따라주려 하지 않는다는 사실을 인식하지 못할 리는 없었다.

그럼에도 불구하고 성왕이 계속 '임나재건'이라는 계획을 밀어붙인 것은 신라 · 임나 · 왜의 반응을 떠보자는 의도도 있었다. 일종의 응수타진이다. 4세기 중엽의 구도가 그대로 재현되지는 않는다 하더라도 계획을 계속 추진하다보면 반발하는 주동자와 반발의 강도 등을 파악하여 후속조치를 취할 수 있었다. 백제의 의도대로 얼마 가지 않아서 임나의 속셈이 드러나는 사건이 발생했다.

최후의
저항

고구려와 백제·신라의 공방전이 계속되던 548년 고구려는 예滅의 병사들을 동원하여 백제의 독산성獨山城을 공격했다. 고구려의 공격을 받자, 백제는 동맹국 신라에게 구원을 요청했고 신라는 장군 주진朱珍에게 3천 명의 병력을 주어 백제를 구원하게 했다. 백제-신라의 기민한 연합작전 덕분에 고구려군이 패퇴했다.

여기까지는 고구려와 백제·신라 연합군 사이에서 벌어진 여느 전투와 별다른 차이가 없다. 그러나 이 전투에서 생포한 포로를 심문하는 과정에서 충격적인 사실이 밝혀졌다. 생포된 병사들이 이번 침공은 백제를 공격해달라는 아라가야와 일본부의 부탁을 받고 감행했다는 사실을 털어놓은 것이다.

임나의 자립을 포기하지 않으려 했던 아라가야가 왜의 지원을 얻어 기어코 극단적인 조치를 취한 결과였다. 아라가야에게는 이 전투에서 고구려 측이 패배한 것이 불행이었다.

이 사실을 알게 된 백제가 가만히 있을 리 없었다. 당장 아라가야와 일본부 요원을 소환하려 했다. 그렇지만 사태를 눈치챈 아라가야와 일본부 요원이 백제의 소환에 응하지 않았다.

임나에 파견된 왜의 요원이 소환에 응하지 않자 백제는 왜 본국에 사신을 파견해서 항의했다. 임나에 와서 무슨 짓을 할지 모른다고 생각했는지, 보내주기로 했던 병력 파견도 보류하라는 통고까지 추가했다.

왜왕은 이번에도 "모르는 일이고, 지시한 바도 없으며, 믿을 수도 없다"고 버텼다. 끝까지 지시한 바 없다고 버티는 데야 백제로서도 어쩔 수 없었다.

그렇다고 왜가 부담을 갖지 않은 것은 아니다. 모른다고 버티는 데에도 한계가 있다. 더 이상 백제의 심기를 불편하게 해서 좋을 것이 없다고 판단한 왜는 앞으로 임나가 협조해주도록 지원하겠다는 약속을 했다.

말로만 하는 약속으로 신뢰를 얻을 수 없다는 점을 깨달았는지 행동으로도 성의를 보였다. 370명을 백제에 파견하여 득이신得爾辛에 성을 쌓는 일을 돕게 한 것이다.

다음 해에는 연나사延那斯 · 마도 등이 본국에 보고하지 않고 저지른

일 같으니 자체적으로 조사하겠으며 병력파견도 백제의 요구대로 보류하겠다는 내용을 통보했다. 그 다음 해에는 사신 아비다阿比多를 파견해 화살 30구具, 1500발에 해당한다를 보내며 백제의 비위를 맞추려 했다.

왜가 성의를 보이자 백제도 더 이상 문제를 확대시키려 하지 않았다. 성왕은 연나사·마도의 일은 자체적으로 알아서 처리하라는 답과 함께 백제의 힘도 과시할 겸 고구려의 포로를 선물로 보내주었다.

기록에는 나타나지 않지만 아라가야는 백제에게 호되게 당한 것 같다. 이후로는 더 이상 백제에 저항한 기록이 나오지 않는다. 아라가야의 저항이 끝났다는 것은 이제 임나가 백제의 압력에 저항할 힘을 잃었음을 의미한다. 이제 백제는 다시금 임나를 마음대로 조종할 수 있게 되었던 것이다.

이것은 사전 포석이었다. 곧이어 벌어질 한강유역 탈환작전 같은 거사를 앞에 두고 배후의 위험을 제거하면서 백제 측의 전력을 강화하기 위해서라도 임나에 대한 통제력을 확실하게 확보해두려는 것이다.

임나로서는 백제의 의도를 알면서도 어쩔 도리가 없었다. 자체의 힘도 모자란 데다가 더 이상 주변에서 도와줄 만한 세력도 없었다. 고구려는 이미 독산성 공략전에서 실패하여 임나를 궁지에 몰아넣고 말았다. 신라는 이전에 동맹을 맺으려다 실패한 경험이 있는 데다가, 이미 백제와 동맹관계를 맺고 있어 임나를 적극적으로 도와줄 생각도 없었다. 왜는 이미 백제의 압력에 굴복해버린 상태였다.

이제 백제는 물자뿐 아니라 임나의 병력까지 요구해왔다. 백제에 대해서는 불신과 거부감이 심화되고 있었지만 요구하는 것을 들어주지 않을 수 없었다. 그 이후 벌어진 몇 번의 전투에 백제편에서 참전하게 된 것이다. 백제의 압력에 의한 강제적인 참전이 가능할 만큼 임나는 다시금 백제의 부용세력으로 전락했다.

4. 성왕의 죽음,
기세 꺾인 백제

파란의 도화선 한강

이른바 '임나재건' 계획이라는 것이 원래의 구상대로 이루어지지는

않았지만, 그런 것에 상관없이 백제는 상당한 외교적 성과를 거두었다.

몇몇 소속국이 신라에 투항해버리기는 했지만 임나에 대한 통제를 회복

했고, 신라도 아직은 협조적인 동맹으로 남아 있었다. 내심 임나의 입장

을 지지하던 왜에게도 외교적 압력을 가하여 더 이상 백제의 정책에 방해

가 되지 않도록 해놓았다.

이것만으로도 한반도 남부에서의 패권을 잡은 셈이니 대단한 성과라고 할 수 있겠지만, 이것이 백제의 최종적인 목적은 아니었다. 뭐라고 해도 당시 백제에게 최대의 위협은 고구려이다. 신라-임나-왜에 대한 영향력을 확보하려 했던 이유도 궁극적으로는 이들의 세력을 규합하여 고구려를 물리쳐보려 했던 것이다.

임나에 대한 통제를 회복한 백제는 이를 바로 이용했다. 아라가야와 왜의 저항을 꺾어버린 지 3년 후인 551년, 성왕은 임나의 병력을 차출하여 한강유역에서 고구려를 몰아내는 작전을 개시한 것이다. 주도권을 가진 백제는 임나의 병력을 이끌고 먼저 공격을 개시했다. 작전은 대성공을 거두어 한강하류 지역의 6개 군郡을 점령하는 전과를 올렸다.

신라도 물론 참전했지만 기회주의적으로 행동했다. 백제의 움직임을 주시하고 있다가, 작전이 성공을 거두는 기미가 보이자 그때서야 거칠부居柒夫 지휘하에 병력을 움직여 죽령竹嶺에서 북쪽 고현高峴에 이르는 10개 군을 점령한 것이다. 이 때 신라가 점령한 지역은 한강의 상류 지역이었다.

임나로서는 전혀 참여하고 싶지 않은 전쟁이지만 선택의 여지는 없었다. 작전이 성공했음에도 임나에게는 전리품조차 주어지지 않았다. 백제나 신라는 어떻든 영토를 획득했지만 임나는 땅 한 조각 얻지 못했다.

작전 자체가 대성공을 거두었다고는 하지만 신라도 불만이 많았다. 별로 힘도 들이지 않고 10개 군을 차지한 신라의 불만을 이해하기 위해서는 당시 한강유역의 전략적 가치부터 알아야 한다.

고구려·백제·신라 삼국이 모두 한강유역을 차지하기 위하여 수단과 방법을 가리지 않고 싸운 이유는 이 지역이 단순히 살기 좋은 지역이었기 때문만은 아니다. 한강유역은 예전부터 중국과 연결되는 중요한 교통로였다.

당시는 항해술이 발달하지 못했기 때문에 해안선을 따라가는 이른바 '연안항해沿岸航海'를 해야 했다. 이런 항해법으로 한반도에서 중국으로 가려면 한반도의 서해안 해안선을 따라 항해하여 중국의 산둥반도 등지에 닿는 항로를 택하게 된다.

이 항로를 택할 때 한반도에서의 중요한 출발지는 지금의 경기도 화성군 남양만에 해당하는 당은포唐恩浦가 된다. 특히 신라의 입장에서는 이 지역을 확보하지 못하면 남해안을 우회하여 백제의 해안을 따라 북상하는 항로를 택할 수밖에 없는데, 이것은 백제의 협조 없이는 운행이 곤란하다. 따라서 이 부근 지역을 장악한다는 것은 신라에게 중국과의 교통로를 확보한다는 의미를 갖는다.

당시 동아시아 국제관계에 있어서 중국과의 교류가 얼마만큼의 비중을 가지고 있었는지에 대해서는 이미 언급한 바 있다. 이 점은 고구려·

백제·신라 삼국이라고 다를 게 없었다. 단지 중국과 육로로 연결되어 있는 고구려는 자신의 교통로를 확보하기 위해서 뿐 아니라 다른 나라의 교역루트를 차단하기 위해서라는 이유가 추가되었다.

백제나 신라나 중국에 사신을 파견하여 비중 있게 요구하고 있는 사안의 하나는 고구려를 견제해달라는 것이다. 후대의 일이지만, 고구려와 백제의 압력을 받고 있던 신라는 실제로 당唐과의 교류를 통해 고구려와 백제를 멸망시키고 그 땅을 차지할 수 있었다.

물론 부탁한다고 해서 다 들어주는 것은 아니다. 그래도 고구려로서는 중국의 유력한 나라가 자신을 정벌할 때 필요한 명분을 백제나 신라의 요청에서 얻는 것도 기분 좋을 것이 없었다. 그렇기 때문에 중국과의 다른 교통로를 확보하고 있다 하더라도 고구려로서는 다른 나라가 한강유역을 차지하게 내버려둘 수는 없었던 것이다.

한강유역이 이렇게 중국과의 교통로로서 중요하다는 것은 바다와 연결된 하류가 중요하다는 뜻이 된다. 상류지역은 하류지역에 비해 그다지 큰 전략적 가치가 없다. 그런데 하류지역을 차지한 쪽은 백제였다. 신라가 기회주의적으로 행동한 것까지 눈감아준 이유도 여기서 찾는다. 어차피 먼저 움직여 노른자위를 차지했으니 나머지 별 볼일 없는 지역은 양보하겠다는 의도였다.

신라의
배신

다시 살펴보면 신라의 입장에서 백제에 대한 불만이 없을 수 없다. 신라의 속마음은 바로 1년 전 고구려와 백제가 치열한 공방진을 벌이던 와중에 도살성道薩城과 금현성金峴城을 빼앗은 데에서도 나타나고 있다.

550년 정월, 백제가 장군 달기達己를 보내어 군사 일만을 거느리고 고구려의 도살성을 공격하여 정복하자, 고구려는 백제의 금현성에 보복 공격을 가해 함락시켰다. 《삼국사기》에 의하면 이 공방전을 엿보고 있던 신라는 두 나라 군사가 피로한 틈을 타서 이찬 이사부로 하여금 군사를 내어 이들을 쳐 두 성을 빼앗고 성을 증축하여 무사 일천 명을 머물러두어 지키게 했다고 되어 있다.

고구려는 금현성을 회복하려 하다가 실패하기는 했지만, 도살성까지 탈취한 신라의 행동을 보고 그 의도를 간파했다. 백제도 신라의 의도를 눈치채지 못할 리는 없었을 것이다. 그래도 애써 묵인해버렸다. 고구려와의 결전을 앞두고 있는 상황에서 성 하나 때문에 신라와 분쟁을 벌이고 싶지는 않았던 것이다.

그러나 551년, 막상 고구려를 공격해서 한강유역을 되찾게 되자 고구려와 신라의 태도가 심각한 문제를 야기하기 시작했다. 고구려는 백제에 요충지 6개 군을 빼앗겨버리자, 전략적 가치가 떨어지는 상류의 10개 군을 지키는 데에는 별다른 무리를 하지 않았다. 신라가 비교적 쉽게 10개 군을 확보한 데에는 고구려의 묵시적 방조가 있었다고 할 수 있다.

그 다음은 신라가 알아서 할 일이다. 상류의 10개 군을 확보한 신라는 하류지역을 욕심내지 않을 수 없었다. 동맹을 맺고 있었다고는 하지만 언제까지나 백제를 믿지는 않았다.

금관가야를 비롯한 임나소속국 일부가 신라에 투항해왔을 때 백제가 임나에 신라와의 접근을 경고하는 태도는 신라의 불신을 사기에 충분했다. 백제가 임나에 대한 통제력을 회복하면서부터는 신라도 점점 강해져가는 백제에 대해 불안감을 갖지 않을 수 없었다.

이러한 불안감이 곧바로 백제에 대한 배신으로 연결되었다. 《삼국사기》 기록에는 이 배신행위가 잘 나타나지 않는다. 여기서부터 가야의 소멸까지 《삼국사기》에서 신라 위주로 왜곡된 기록들이 심하게 나타나는 부분이기 때문이다.

《삼국사기》 기록, 특히 〈본기本紀〉 기록에는 신라가 백제에 구원병을 보내어 도와주었다는 사실만 강조되고 있다. 또한 백제를 배신하고 한강 유역을 차지한 사실도 아무런 비판 없이 신주를 설치했다는 결과만 간단히 기록되어 있다.

이렇게 《삼국사기》·〈본기〉의 서술만 본다면 신라가 백제의 영토를 빼앗은 것도 고구려·백제·신라 사이의 복잡한 분쟁 사이에서 일어날 수 있는 일상적인 사건으로 생각하기가 쉽다. 신라의 행동을 정당화하려는 의도가 은연 중 기록에 반영되어 있는 것이다.

그러나 신라의 한강유역 점령이 백제에 대한 배신의 결과였음은 명백하다. 고구려의 태도로 보아 신라의 작전을 방해하지 않을 것은 확실하다. 백제는 적으로 간주하고 있지 않은 신라에 대해 방심하고 있었다. 이를 이용해서 신라는 백제가 차지하고 있던 한강하류 지역을 기습해서 빼앗아버렸던 것이다.

고구려와 신라가 모종의 협약을 맺고 있었는지 고구려의 독자적인 판단이었는지는 알 길이 없지만, 고구려는 신라에 대해 아무런 조치도 취하지 않았다. 덕분에 신라는 중국과 독자적으로 교류할 수 있는 유력한 교통로를 확보했다.

신라는 백제에게서 빼앗은 지역을 신주新州로 개편했다. 그리고 금관가야 마지막 왕인 구형왕의 아들이자 김유신의 할아버지인 아찬 무력武力을 신주 군주郡主로 임명했다.

배신당한 백제는 속으로야 치를 떨었겠지만, 일단 외교적 해결을 모색했다. 백제 성왕은 자신의 딸을 신라에 시집보내면서까지 대화와 타협으로 문제를 해결해보려 했던 것이다. 혼사의 이면에서는 탈취한 지역을 돌려준다면 어느 정도까지 신라의 불만을 수용해주겠다는 정도의 협상

시도도 했을 것이다.

그러나 신라는 끝까지 대화에 의한 해결을 거부했다. 백제와의 혼사를 받아들였으면서도 '혼사는 혼사고 국가안보는 국가안보' 라는 식으로 특별한 의미를 부여하지 않았다. 공연히 인질만 제공한 셈이 된 성왕으로서도 더 이상 참을 수는 없었다. 백제와 신라의 충돌은 이제 기정사실이 되었다.

고구려가 먼저다

그렇지만 성왕은 이 장면에서도 신중을 기했다. 신라를 치기 전에 먼저 고구려를 공격한 것이다. 바로 신라로 쳐들어가지 않고 정지작업부터 시작한 셈이다.

고구려의 속셈을 간파했기 때문이다. 백제가 고구려를 최대의 적으로 생각하듯 남방에 관한 한 고구려도 마찬가지였다. 단지 고구려는 북방에도 강력한 적들을 두고 있었기 때문에 백제에 전력을 집중하기가 곤란했을 뿐이다. 그래서 신라와 싸움을 붙여 놓고 그 틈에 어부지리를 노리자는 의도가 역력했다.

무턱대고 신라로 쳐들어가다가는 배후에서 무슨 일을 당할지 몰랐다. 물론 신라도 이 점을 의식하고 있었기 때문에 백제와 일전을 불사할 수 있었을 것이다.

혹자는 신라가 이미 한강유역을 점령하고 있는데 어떻게 백제와 고구려가 전투를 벌일 수 있었는지 의문스럽게 생각할지도 모르겠다. 이 점에 대해서는 왜병이 신라를 침공할 때와 같은 이치가 작용한다고 보면 된다.

전 전선을 방어할 병력을 염출해낸다는 것이 어차피 불가능하므로 한정된 거점인 성만 지키게 된다는 점을 이미 설명한 바 있다. 그러니까 이 성 사이로 이동하는 병력에 대해서는 일일이 막기가 곤란하다.

더구나 고구려와 백제처럼 남들끼리 싸우는 데 공연히 끼어들 필요가 없는 전투일 경우에는, 지나가는 병력에 시비를 걸 이유조차 없다. 그러니까 백제군은 아무런 제지도 받지 않고 고구려를 공격할 수 있는 것이다. 관산성 전투가 끝난 직후 고구려가 백제의 웅천성熊川城을 공격하는 것도 마찬가지였다.

백제는 먼저 병력을 총동원해서 고구려로 진격했다. 고구려는 백제가 자신을 먼저 공격하리라고는 미처 생각하지 못한 것 같다. 신라에게 배신을 당했으니 우선 신라에게 보복할 것이라는 생각을 먼저 하는 게 이상할 것은 없다. 그러니 한강유역을 상실한 충격을 추스르며 자체정비에 주력하는 것이 당연했을지도 모른다.

고구려는 백제의 움직임을 주시하면서도 백제를 공격할 수 있을 만큼의 전쟁준비를 서두르지는 않았던 것이다. 이 점은 백제가 공격해왔을 때 여실히 드러났다. 기록에 의하면 고구려군은 진격해오는 백제군을 발견하고도 바로 공격하지 못하고 밤새도록 북과 피리를 쳐서 겁만 주었다.

다음 날 날이 밝은 후에야 몇 명의 병사가 나서 결투를 신청해왔다고 한다. 백제군의 움직임을 감지하고 매복하는 데까지는 정상적으로 움직였으면서도, 백제군을 공격해서 섬멸할 생각은 하지도 않았던 것이다.

이렇게 된 데에는 몇 가지 이유가 있었다. 무엇보다도 이번 고구려와 백제의 전투는 상대방에게 결정적인 타격을 줄 목적으로 벌이는 것이 아니었다. 이번 전쟁에서 백제의 궁극적인 목표는 신라였다.

고구려를 공격한 이유는 후에 신라를 공격하는 틈을 타 고구려가 백제를 공격해오는 사태를 미연에 방지하기 위해 선제공격한 것에 불과했다. 이 점은 고구려 측에서도 충분히 인식하고 있는 바였다. 따라서 전투의 목적도 상대의 기를 꺾는 것으로 충분했다.

고구려가 공격해오는 백제군을 감지하고서도 공격을 삼간 이유는 대체로 이런 것이었다고 짐작된다. 급하게 동원된 병력으로는 철저하게 준비하고 훈련된 백제군과 정면으로 맞붙어서 이길 자신이 없었다.

더욱이 전투의 목적도 상대방 전력을 격멸시키는 것으로 삼을 필요도 없는 상황이었고, 이 점은 백제 측에서도 마찬가지였다. 이런 상황에서 희생이 클 수밖에 없는 전면전을 벌이느니, 차라리 무예가 뛰어난 병사가 나서서 몇 명만의 대결로 기세를 꺾으려 했던 것이다. 이렇게 해서 백제와의 이번 전쟁을 큰 희생을 치르지 않고 끝내고, 백제와 신라의 전쟁을 즐기면서 이후의 계획을 세워볼 생각이었다.

그러나 고구려의 계산은 약간 빗나갔다. 결투를 신청했넌 고구려의 병사는 져서 죽음을 당했다. 백제군은 그의 머리를 베어 창 끝에 꽂아 자기 군대의 사기를 높였다. 그리고 기세를 몰아 고구려군을 격파해버렸다. 기록에 의하면 동성산東聖山 위까지 추격했다고 한다.

어차피 고구려 측에서는 희생을 치르지 않고 쉽게 끝내려고 한 전쟁이었기는 했다. 그렇지만 이걸로 일단 아군의 기세만 꺾였다. 백제는 기세등등한 분위기를 선점하고 비로소 신라에 대한 공격에 나섰다.

신라를 공격하기 위해 백제는 자체의 병력과 임나의 병력은 물론, 파병을 보류해두라고 했었던 왜의 병력까지 동원했다. 백제는 왜에게 병력 파견을 요청하면서 석가불금동상釋迦佛金銅像과 번개幡蓋 경론經論 등을 보내면서 그동안 섭섭했을 왜의 심기를 달래주었다.

백제가 성의를 보이자 왜도 백제에 적극적으로 협조해주었다. 백제에 말 2필, 동선同船, 많은 목재를 접합해서 만든 배 2척, 활 50장張, 화살 50구具를 보내주며 의박사醫博士 · 역박사易博士 · 역박사曆博士의 교대와 복서卜書 · 역본曆本과 약재를 요구했다.

백제도 곧 사신을 보내 병력의 신속한 파견과 활과 말 같은 군수물자의 추가공급을 요청했다. 신라를 공격하기 직전에 백제가 원한 왜의 병력과 왜가 원한 백제 박사들이 교환되었다.

백제는 이렇게 정지작업을 다 해놓은 다음에야 신라침공에 나섰다. 신라로 쳐들어가면서도 백제는 고구려를 의식하여 왜에 계속해서 추가 파병을 요구했다.

물론 이 이면에는 신라와의 전쟁에 왜병을 투입함으로써 신라와 왜의 관계도 결정적으로 악화시켜 놓으려는 의도도 있었을 것이다. 백제-신라는 5세기 전반 화친이 성립된 이래 협조관계가 지속되어 왔으나 이 사건 이후 적대관계로 바뀌게 된다. 이것을 예상한 백제로서는 자신뿐 아니라 임나와 왜도 신라와 적대관계를 만들 필요가 있었을 것이다.

관산성 전투의 개시

백제가 신라를 침공하면서 벌어진 전투가 바로 관산성 전투554이다. 지금까지의 인식은 이 전투에 대해 백제군이 대군을 일으켜 신라를 공격하였고, 지금의 옥천 지역인 관산성 부근에서 전투가 벌어져 백제군이 참패했다는 식의 단순한 것이었다. 그런데 이러한 인식은 전체 기록을 종합적으로 살펴보고 나온 게 아니다. 《삼국사기》 중에서도 〈신라본기〉에 묘사된 전투 기록만 보고 만들어낸 것일 뿐이다.

이 전투는 배경이 복잡하듯이 전투의 경과도 간단하지는 않다. 지금까지는 단순하게만 이해하려 했을 뿐이다. 일단 백제군이 대군을 일으켜 신라를 공격하여 지금의 옥천 지역인 관산성 부근에서 전투가 벌어졌다는 사실은 분명하다.

문제가 되는 것은 전투의 경과이다. 보통은 이 전투에서 백제군이 신라의 군주 각간角干 우덕于德·이찬伊飡 탐지耽知의 부대와 격전을 벌이던 도중, 김유신의 할아버지인 신주新州 군주 김무력金武力의 부대가 합세하여 참패했다고 간주한다.

전투 중에 성왕이 전사하고 3만 가까운 전사자가 나온 것처럼 기록되어 있으니 참패라고 보는 것도 무리가 아닐지 모른다. 그러나 이것은 어디까지나 《삼국사기》, 그 중에서도 〈신라본기〉 기록만 보고 판단한 상황일 뿐이다.

실제로 전황은 이렇게 진행되지 않았다. 우선 신라군 부대가 모두 합류해서 싸운 것처럼 묘사한 부분부터가 허구이다. 《삼국사기》〈신라본기〉 기록에 의하면 백제군이 신라의 군주 각간角干 우덕于德·이찬伊飡 탐지耽知의 부대와 격전을 벌였다고 한다. 그러던 중, 김유신의 할아버지인 신주 군주 김무력金武力의 부대가 합세하여 참패했다고 한다. 전투 중에 성왕이 전사하고 3만 가까운 전사자가 나온 것처럼 기록되어 있으니, 참패라고 보는 것도 무리가 아닐지 모른다.

하지만 같은 전투를 묘사한 《일본서기》 기록에는 조금 다른 측면이 보인다. 조금만 주의해서 기록을 읽어보면, 《삼국사기》〈신라본기〉와 《일본서기》 등의 기록에는 상당한 차이가 있음을 발견할 수 있다. 무엇보다도 성왕의 전사戰死과정이 다르게 쓰여져 있다.

《삼국사기》〈신라본기〉를 읽어보면 성왕이 전투 중 전사했다고 전한다. 반면 《일본서기》에는 성왕이 백제군을 지휘하고 있던 아들 여창을 만나러 전선으로 오다가 신라군의 매복에 걸려 생포되었다가 처형되었다고 했다.

그러면 이 차이가 무슨 의미를 가질 수 있는지 살펴보자. 우선 〈신라본기〉 기록대로 전황을 분석해보면 성왕은 전투 중에 전사한 것이 된다.

두말할 필요 없이 전투에 참가한 왕은 전군全軍의 구심점이고, 최우선적으로 보호되어야 할 대상이다. 이런 위치에 있는 왕이 전사했다면 그건 백제군이 핵심부대까지 무너질 정도로 참패했다는 뜻이 된다.

하지만 그게 아니라 관산성 지역으로 오던 성왕이 매복에 걸려 전사했다면 성왕의 전사는 전황과 아무런 상황이 없는 셈이다. 당연히 전체 전황에 대한 해석이 달라져야 한다.

특히 《일본서기》에서 "12월 9일에 사라를 공격하러 보내면서, '신이 먼저 동방東方의 령領인 물부物部 막기무련莫奇武連을 보내 자 방方의 군사를 거느리고 함산성函山城을 공격하도록 하였는데, 유지신이 데리고 온 병사 죽사竹斯 물부物部 막기위사기莫奇委沙奇가 불화살을 잘 쏘았습니다. 천황의 위령威靈의 도움을 받아 이달 9일 유시酉時에 성을 불태우고 빼앗았으므로 한 사람의 사신을 보내 배를 달려 아룁니다' 라고 하였다"라는 부분에는 관산성함산성이 함락되었다고 기록되어 있다.

전장에 자리잡고 있던 핵심적인 성을 함락시켰다면 백제가 승기를 잡고 있었다고 보아도 무방하다. 이렇게 보면 성왕의 전사는 전황과 동떨어져 일어난 해프닝에 불과하다고 해석해야 한다. 그러면 어느 해석이 타당성을 가지고 있을까?

성왕의 전사과정에 대한 의문

일반적으로 《삼국사기》와 《일본서기》가 같은 사건에 서로 다른 내용을 기술하고 있다면 《삼국사기》 기록에 신뢰를 두는 게 당연할지 모른다. 마음먹고 조작한 《일본서기》에 비해 《삼국사기》는 그래도 사실에 근접하기 때문이다. 하지만 이 경우는 예외다. 《삼국사기》의 다른 기록들까지도 〈신라본기〉 기록의 왜곡을 보여주고 있는 것이다.

우선 주목해 보아야 할 기록이 성왕의 전사를 묘사한 〈백제본기〉 기록이다. '왕은 신라를 습격하고자 하여 친히 보병과 기병步騎 50명을 거느리고 밤에 구천狗川에 이르렀다' 라는 부분을 보면 마치 성왕이 50기명의 병력을 끌고 신라군을 야습하다 전사한 것처럼 보인다. 그렇다면 이건 〈신라본기〉 기록을 뒷받침해주는 게 아니냐고 생각할 사람도 있을 법하다.

하지만 조금 더 생각해보자. 아무리 옛날이라지만 왕이라면 한 나라 군대의 통수권자다. 그런 지위에 있는 사람이 겨우 1개 소대 정도의 병력을 이끌고, 그것도 밤에 적진을 습격하는 일을 했을까?

소대병력만으로 적진을 기습하는 의도는 이걸로 적을 제압하자는 게 아니라 조금이라도 타격을 주어 흔들어놓자는 게 대부분이다. 거기에 야전의 밤이면 제대로 보이는 게 없다. 적진이니 익숙한 지형일 리도 없다. 어디가 어딘지 구분하는 것부터가 어렵다. 잘못하면 아군끼리 살육이 일어날 수도 있다.

그만큼 소대 병력의 야습이라는 작전 자체가 위험천만하면서도 전황에 결정적인 효과를 얻을 수도 없는 작전이다. 그래서 소대장이나 중대장급 정도에 해당하는 하급장교들에게나 적합한 작전이라 할 수 있다. 도대체 군통수권자인 왕이 나설 상황이 아닌 것이다.

차라리 《일본서기》 기록과 연계시켜 해석하면 앞뒤가 맞는다. 당시 이 동수단은 말이 고작이다. 지금의 부여인 사비에서 출발한 성왕의 행렬이 조금만 지체되어도 관산성 지역에 도착하는 시점은 밤이 될 수 있다.

겨우 50명을 대동하고 있었던 것도 충분히 납득이 간다. 이 병력은 전투병력이 아니다. 국왕을 호위하는 경호병력이었다고 보면 된다.

그러고 보면 〈신라본기〉 내용에는 의심이 가는 부분이 또 있다. 《삼국사기》 김유신 열전의 기록만 해도 그렇다. 여기에는 성왕과 함께 지금의 장관급에 해당하는 좌평佐平 4명까지 같이 잡혀서 죽었다는 내용이 나온다.

왕 혼자서 친히 야습을 감행했다는 것도 이해하기 어려운데, 여기에 지금의 국무위원급에 해당하는 고위층이 줄줄이 참가했다고 기록된 것이다. 이런 기록까지 액면 그대로 믿을 수는 없다.

이 역시 《일본서기》 기록과 맞추어보면 말이 된다. 성왕이 사비에서 50명의 경호병력만 데리고 이동했다면 전투에 참여하려는 의도는 아니었다고 보아야 한다. 뭔가 전쟁의 뒤처리를 염두에 두었다는 뜻이다. 그렇다면 측근 좌평들을 대동하는 건 당연한 일이다.

이런 사실들을 볼 때, 성왕은 전투 중이 아니라 전황과는 아무 상관없이 전사했다고 보아야 한다. 오히려 소수의 호위 병력만 데리고 가도 괜찮다고 생각할 수 있을 정도의 유리한 상황에서, 운 나쁘게 매복에 걸려 전사했다는 것이다.

백제군이 관산성 전투에서 참패했다는 시각의 핵심적 근거인 성왕의 전사과정이 이렇게 다르다면, 그건 전투의 양상도 지금까지 일반적으로 알려져왔던 사실과 같지 않다는 뜻이다. 그렇다면 관산성 전투의 양상을 제대로 이해하기 위해서는 그동안 간과해온 점부터 확인해야 한다. 바로 관산성이 함락되었다는 사실이다.

관산성 함락과 전황

관산성의 함락 사실은 《일본서기》에만 기록되어 있다. 그동안 함락 사실이 무시되어 왔던 이유 중에도 이것이 많이 작용할 것이다. 하지만 여기서도 굳이 《일본서기》 기록을 믿어야 하는 이유는 이렇다.

모든 기록에서 확인할 수 있듯이, 관산성 지역에서 대규모 전투가 벌어졌던 건 분명하다. 이는 관산성 지역이 어떠한 사태가 벌어질지 모르는 위험한 전투지역이었다는 뜻이다. 그러한 지역에 국가원수가 야간에 50명의 호위만 거느리고 올 리가 만무하다.

다시 말해서 성왕聖王이 겨우 50명의 호위병을 거느리고 관산성으로 가려했다는 사실 자체가 관산성이 이미 백제군의 수중에 들어갔음은 물론 그 지역전체를 장악했다고 믿었을 정도로 승기를 잡고 있었다는 사실을 반영하고 있는 것이다. 관산성 지역이 신라군의 수중에 있거나 최소한 전투 중이었다면 성왕이 50기의 호위병만 이끌고 야간에 그 지역에 갔을 리가 없기 때문이다.

근거는 또 있다. 〈신라본기〉에 나타난 것처럼 실제로 신라군이 우덕·탐지의 부대와 김무력 부대의 합세로 백제군을 격파했다면 우덕이나 탐지 역시 김무력에 못지않은 전공을 세운 셈이 된다. 특히 탐지는 진흥왕 眞興王 12년 고구려 정벌에 잡찬迊飡의 지위로 참전한 적이 있는 중요 인물이다.

그러나 김무력은 이 때의 공으로 후손들까지 영화를 누리게 된 반면, 그전까지 승승장구했던 탐지는 자신의 이름조차 이후의 기록에 남기지 못했다. 똑같이 공을 세웠다면 이렇게 불공평한 논공행상을 했을 리는 없다.

앞뒤가 맞는 해석을 하려면 탐지 부대가 백제군과의 전투에서 패배했다고 해야 순리다. 그 결과 탐지는 전사했거나 패전의 책임을 지고 숙청당한 것이다.

탐지 부대가 그 정도 타격을 받았다면 관산성도 함락되었다고 보아야 한다. 이 점은 매우 의미심장하다. 관산성은 백제에서 신라로 들어가는 관문에 해당한다. 이런 성이 함락되었다는 사실에서 적어도 초기전투에서는 전황이 백제군에 유리하게 전개되었음을 알 수 있기 때문이다.

뿐만 아니라, 신라군 부대가 모두 합류해서 싸운 것처럼 묘사한 부분도 허구라는 걸 확인할 수 있다. 우덕·탐지 부대와 김무력 부대가 합류해서 싸웠다면, 한 부대는 패배하고 다른 부대는 성왕을 죽여 승기를 잡는 일이 벌어질 턱이 없다. 이와 같은 여러 상황을 종합해보면 실제로 벌어진 상황은 다르게 정리해야 할 것 같다.

먼저 백제-가야-왜 연합군이 관산성을 공격했다는 데까지는 분명하다. 관산성의 위치는 지금의 옥천 지역으로, 지금의 호남에서 영남, 즉 백제에서 신라 지역으로 쳐들어가려면 필수적으로 거쳐야 할 관문이다. 여기서 신주 군주인 김무력 부대와 군주 각간 우덕·이찬 탐지 부대가 백제 연합군을 맞아 싸웠다.

백제군이 여기부터 공략하게 된 것이나, 신라군이 이 곳을 지키기 위해 증원군을 보낸 것이나 모두 필연적인 수순이다. 탐지부대는 바로 신라의 증원군으로 보면 된다. 우덕은 지위로 보아 관산성의 성주이거나 탐지 밑에서 부장 같은 역할을 하는 정도의 인물로 보인다.

이 시점에서 변수가 된 게 김무력의 부대다. 김무력의 부대는 관산성에서 백제군과 우덕·탐지 부대가 싸우고 있는 중에 합세한 것은 아니다. 동원이 늦었는지 이동이 늦었는지는 알 수 없지만, 김무력 부대가 관산성에서 벌어진 접전에 참전하지 못했음은 분명하다.

이것이 유리한 변수로 작용했는지는 몰라도, 백제군은 관산성 공략에서 일단 개가를 올렸다. 한밤중에 성에 불을 질러 혼란을 일으키고 이를 틈타 함락시켜버린 것이다. 이찬 탐지가 이끄는 신라의 증원군도 격파했다. 이것으로 주요 부대가 전멸하고 신라의 제1방어선은 무너져버렸다. 백제군이 파죽지세로 진격하여 신라에 결정적 타격을 줄 기회가 생긴 것이다.

신라군 부대의 매복

그러면 신라의 제1방어선을 무너뜨렸을 만큼 백제에 유리하게 진행되던 전황이 무엇 때문에 역전되었을까? 성왕의 전사戰死가 결정적인 계기가 되었다는 점에 대해서는 두말할 필요가 없다. 문제는 성왕이 어쩌다가 신라군에 포로가 되어 처형당했는가 하는 점이다.

극적인 반전의 근본적인 원인이 백제 측의 방심에 있었다는 점은 분명하다. 관산성이 함락되었다는 소식을 들은 성왕은 측근을 비롯한 호위병력 50명과 함께 최전선을 향하여 출발했다.

불행은 여기서부터 시작되었다. 성왕을 비롯한 백제 측의 계산에서 빠

관산성이 있던 현재의 옥천 지역.

져있는 부대가 있었던 것이다. 신주 군주인 김무력의 부대였다. 신주新洲
는 신라가 한강유역을 점령한 후 새로 만든 주다. 신라 북방의 변방이었
던 것이다.

　새로 점령한 요충지라 병력이 집결되어 있는 지역이었다. 그러니 중요
한 전쟁이 벌어지면 이 지역의 병력이 동원되는 건 필수적이다. 그런데
관산성 전투에서는 처음부터 이 병력이 전투에 투입되지 못했다.

　신주 자체가 신라의 입장에서는 북쪽에 치우쳐 있기 때문이기도 했고,
워낙 전략적으로 중시하는 지역이었다. 그러니 이 지역 병력이 빠졌을

때 일어날 수 있는 만에 하나의 가능성까지 신중하게 계산해야 했다. 그런 요인이 작용해서 동원과 이동을 결정하는 게 쉽지 않았던 것 같다.

결국 관산성 지역의 전투가 워낙 급박해서 이 지역 병력까지 동원하지 않을 수는 없었다. 하지만 여러 가지 요인이 작용하여 이 지역의 병력이 초전初戰에 참전하지 못한 건 분명하다. 백제군이 관산성을 함락시키면서 신라의 증원군까지 비교적 쉽게 격파할 수 있었던 데에는 막강한 전력을 갖춘 신주의 부대가 빠져 있었다는 요인도 작용했을 것이다. 그런데 바로 이 점이 신라에게는 전화위복轉禍爲福이 되었다.

뒤늦게 관산성 지역으로 이동하던 김무력 부대는 이동 중에 주변의 신라군을 징집·합류하면서 관산성 지역에 도착했다. 도중에 동원했던 부대 중에는 비장裨將 삼년산군三年山郡 고간도도高干都刀의 부대도 있었다. 그런데 하필이면 이 시점이 성왕의 도착시점과 일치해버린 것이다.

관산성 지역에 도착하여 매복하고 있다가, 밤중에 지나가던 성왕을 급습·생포해버린 부대가 바로 이 고간도도의 부대였다. 이 공로를 김무력도 같이 누렸던 걸로 보아 고간도도의 부대가 김무력 부대의 일부였던 건 분명하다.

어쨌든 막강한 백제군이 혁혁한 전과를 올렸음에도 불구하고, 성왕은 어이없게도 신라군의 소규모 부대에 생포되어버린 것이다. 국가의 운명을 달리한 전쟁에서 이토록 허무한 역전극이 연출된 원인은 성왕이 갑작

삼년산성은 돌로 쌓은 산성으로 신라 자비마립간 13년(470년)에 쌓았다. 《삼국사기》에는 성을 쌓는데 3년이 걸렸기 때문에 '삼년산성'이라 부른다고 기록되어 있고 《세종실록지리지》에는 '오항산성'으로, 《신증동국여지승람》, 《충청도읍지》에는 '오정산성'으로 기록되어 있다. 신라는 이곳을 백제 공격을 위한 최전방기지로 삼았는데, 성왕을 죽인 고간도도가 이곳 출신이다.

스럽게 관산성 지역으로 왔기 때문이다.

무엇 때문에 성왕이 이렇게 무모한 짓을 했는지, 그리고 신라 측에서 어떻게 알고 성왕을 잡을 수 있었는지에 대한 진상은 달리 알 도리가 없으니 한계가 뚜렷하다. 그래도 추측은 해볼 수 있다.

《일본서기》에 의하면 성왕이 관산성 지역으로 오게 된 표면적인 이유는 야전에서 고생하고 있을 태자 여창餘昌이 걱정되어서였다고 한다. 하지만 성왕 정도 되는 통치자가 그런 개인적인 감정 때문에 전선으로 가는 모험을 감행했다고 볼 수는 없을 것 같다. 그보다는 지휘관인 태자 여창을 비롯한 백제군을 격려하면서, 동시에 이후 신라에 대한 처리도 구상해보려는 의도였을 것으로 보는 게 넓은 의미에서 타당할 듯하다.

김무력 부대가 '성왕이 온다는 소문을 듣고 매복했다'고 한 《일본서기》 기록도 그렇다. 기록에는 이 정도만 나와 있을 뿐이다. 무엇 때문에 그런 소문이 났는지, 또 소문을 들었다고 해도 어떻게 성왕이 지나가는 길목을 그 타이밍에 정확히 지킬 수 있었는지에 대한 구체적인 기록은 없다.

그러니 그 진상에 대해 정확하게 단언할 수는 없고, 단지 여러 가능성만 생각해볼 수 있을 뿐이다. 성왕이 정말 우연히 매복에 걸려주었을 수도 있고, 아니면 모종의 정보가 있었는지도 모를 일이다. 혹시 전쟁이 이대로 백제의 승리로 끝나면 백제의 손아귀에서 벗어날 수 없다고 판단한 가야 측에서 정보를 흘렸을 가능성도 충분하다. 확증도 반증도 없는 지금으로서는 모든 가능성을 배제하지 않고 보류해두는 수밖에 없다. 어쨌든 백제군이 초전에 완벽한 승리를 거두자, 이에 고무되어 전선을 시찰하고 싶어했던 성왕의 욕심이 화근이 된 건 분명한 듯하다.

생포된 다음에도 성왕은 미천한 자의 손에 죽을 수 없다고 버티며 시간을 끌어보려 했다. 어떻게든 목숨만 부지하고 있으면 신라도 백제와 끝까지 원수로 지내고 싶지 않은 이상 모종의 타협이 이루어질 수 있다고 믿었을지도 모른다.

그렇지만 신라인의 태도는 냉정했다. 고간도도는 "우리나라 법에는 왕이라도 맹세를 어기면 미천한 자의 손에 죽는다"는 한마디로 성왕의 요구를 거부해버렸다. 그리고 얼른 성왕을 즉결처분했다.

비장神將에 불과한 하급장교에게 상대의 중요인물인 왕을 즉결처분할 권한이 있었을지는 의문일 수 있다. 그렇지만 이번 전쟁에 임하는 신라의 각오가 워낙 확고했던 건 분명하다. 이 때문에 일선의 하급장교들도 자연스럽게 행동한 것 같다. 성왕을 살려두고 정치적으로 이용하겠다는 생각이었으면 모르겠지만, 어차피 죽일 생각이라면 백제군이 언제 들이닥칠지 모르는 상황에서 시간을 끌 필요는 없었을 것이다.

리더의
빈자리

성왕은 이와 같이 황당하다는 느낌을 받을 정도로 어이없이 전사했다. 태자 여창을 비롯한 백제군 수뇌부도 어이가 없기는 마찬가지였을 것이다. 하지만 그렇다고 망연자실茫然自失하고만 있을 수는 없었다.

대책을 시급히 세워야할 만큼 백제군의 입장이 미묘해진 것이다. 아무리 전투에서 지지 않았다지만 후방에서 왕이 죽어버렸다. 이 자체만으로도 영향이 크다. 뭐라고 해도 군통수권에 공백이 생긴 셈이다. 일시적으로라도 혼란이 생기지 않을 수 없다.

백제군의 작전부터 혼선을 빚지 않을 수 없었다. 성왕이 전사하지만 않았어도 즉시 파죽지세로 진격하기만 하면 된다. 이렇게 좋은 상황을 맞이하고 있었는데, 하필 후방에서 사고가 터진 셈이다.

생각 같아서는 후방의 상황을 무시하고 진격하고 싶었겠지만, 그럴 수 있는 상황이 아니었다. 성왕의 전사로 인하여 백제군의 작전은 여러 가지로 제한을 받았다.

백제의 내부 정세부터 백제군의 발목을 붙잡는 불안 요인이 되었다. 전쟁을 시작하기 전부터 태자 여창에게는 의식하지 않을 수 없는 점이 있었던 것이다.

백제의 유력한 귀족들은 전쟁에 반대였다. 표면적인 명분은 위험한 전쟁을 피하자는 것이었지만 내심은 달랐다. 신라를 격파하면 왕실의 위엄은 높아질 것이고, 그만큼 귀족들의 입지가 좁아질 것이 명백했다.

이 때 여창이 직접 나서서 귀족들의 반대를 억누르고 원정을 감행했던 것이다. 그런 만큼 왕이 죽고 태자 자신은 신라영토 안으로 깊숙이 들어온 상황에서 수도 사비의 상황이 불안하지 않을 수 없다.

계속 진격하려면, 군량 등 후방의 지원에 의지해야 하는 게 하나 둘이 아니다. 이런 상황에서 단순히 왕만 죽은 것이 아니라 왕과 함께 있던 좌

평들, 즉 측근들까지 몰살해버렸다. 후방 지원을 책임지고 해줄 구심점
이자, 왕권을 지탱해주던 대들보들이 한꺼번에 무너진 것이다.

신라와의 전쟁을 고집하다가 지원이 끊기는 날이면 신라 영역 깊이 진
격한 백제군은 정말 심각한 사태를 맞이할 수도 있었다. 게임에서는 내
본진이 다 깨지더라도 상대를 먼저 제거하면 이긴다. 하지만 전쟁은 게
임과 틀리다. 단순한 재미가 아니라 자신과 백성들의 장래를 걸고 싸우
는 것이다. 당장 내 세력권이 무너질 위험을 감수하고 원정을 계속 강행
한다는 것은 무모한 도박이다.

회군回軍해야 할 이유는 또 있다. 신뢰가 떨어지는 가야군의 움직임도
심상치 않다. 5세기 후반에서 관산성 전투가 일어나기 직전까지도 가야
세력의 최대 염원은 백제의 손아귀에서 벗어나는 것이었다 해도 과언이
아니다. 그랬던 가야가 관산성 전투에서만 갑자기 변심해서 자발적으로
백제 편에 섰을 리는 없다.

관산성 전투 이전, 한강 유역 탈환 작전에서도 가야 세력은 참전만 했
을 뿐 얻은 게 없다. 이런 상태로 참전을 강요받은 가야군은 강제로 동원
된 병력이라고 보아야 한다.

백제에 대해 내심 감정이 좋을 수가 없다. 백제군이 승승장구하던 상
황에서야 어쩔 수 없이 협력하는 수밖에 없었겠지만 작전에 실패하고 철
수하는 상황에서는 사정이 다르다. 백제군이 조금만 흐트러지는 기미를

보여도 가야군이 어떻게 나올지 모른다.

강제로 동원된 위성국 군대가, 전황이 역전되었을 때 총부리를 돌려대는 일은 흔하게 일어난다. 제2차 세계대전 때만 하더라도 독일이 강제로 동원하여 협력을 강요했던 헝가리나 루마니아, 핀란드 같은 나라가 그렇다. 독일의 강요로 소련 전선에 참전하기는 했지만, 독·소진의 전세가 역전되자 오히려 독일군을 공격해왔던 적도 있었다. 이런 역학은 동서고금을 막론하고 적용되는 것이다.

이런 위험성이 있기 때문에 백제군은 가야군의 움직임까지 경계하지 않을 수 없었다. 전황이 좋지 않은 상황에서 여차하면 가야군에 대한 통제에 문제가 생길 수 있다. 신라 영역에서 완전히 철수하기도 전에 자중지란自中之亂이 일어날 가능성까지 염두에 두어야 했다. 만에 하나라도 그런 사태가 벌어진다면 그 자체가 치명타다.

원정을 지속하기에는 지나치게 큰 부담을 느낀 백제연합군은 철수할 수밖에 없었다. 이전까지의 전황이 어떠했든 철수작전이란 비참하게 마련이다. 실패를 자인하고 도망가는 것이 철수작전이건만 신라군은 이것마저 가만히 두지 않았다. 신라로서는 올 때는 마음대로 왔지만 갈 때까지 마음대로는 안 된다는 걸 보여주고 싶었을 것이다.

타격은 크지 않았다

《삼국사기》나 《일본서기》는 이 장면에서 백제군이 완전 붕괴된 것처럼 묘사하고 있다. 보통 계통이 다른 역사 기록에 비슷한 상황이 기록되어 있으면 그 내용은 매우 높은 신뢰성을 가지고 있다고 본다. 하지만 예외 없는 법칙은 없기 마련이다.

우선 《삼국사기》부터 주의해서 검토해보자. 《삼국사기》 〈신라본기〉에는 '이에 모든 군사가 승세를 타고 크게 이겨, 좌평佐平 4명과 군사 2만 9천 6백 명의 목을 베었고 한 마리의 말도 돌아가지 못했다' 라 하여 관산성 전투에 투입되었던 3만에 가까운 백제군이 전멸했던 것처럼 묘사하고 있다.

대부분의 전문가들까지 이 내용이 사실인 것처럼 여기지만, 실제로 그랬는지에 대해서는 의심스럽다. 무엇보다도 실제로 이런 희생을 치르고 백제가 무사했을지 의문이기 때문이다.

3만이라는 숫자부터 그렇다. 당시 3만 병력은 지금의 3만과는 의미가 틀리다. 전체 인구부터 지금과는 비교가 되지 않기 때문이다.

거의 1000년이나 지난 후인 조선 세종 때만 하더라도 전국 8도의 인구가 300~400만으로 조사되고 있다. 상당한 오차를 감안하더라도 인구조사가 몇 배씩이나 차이가 날 리는 없다. 그걸 감안하면 백제 지역에 국한된 6세기의 인구는 훨씬 적었을 것이다.

이런 규모의 인구에서 3만 병력이 진짜로 다 죽어버렸으면 그 인원을 보충하는 것부터가 보통 일이 아니다. 이 인원은 가장 훌륭한 병력 자원일 뿐 아니라, 가장 왕성하게 산업생산에 종사할 계층이기도 하다.

이렇게 생산력이 높은 인적자원을 한꺼번에 잃어버리면 경제적인 타격이 막대하다. 당시는 요즘처럼 식량이 남아도는 시대가 아니다. 경제적으로 궁핍해지면 인구가 잘 늘지 않는 것이다. 당연히 잃어버린 인적자원을 보충하기가 더욱 어려워진다. 어쩔 수 없이 전력을 회복하는 데 상당한 시간이 소요된다. 그 기간 동안 국방력의 공백은 불가피하다.

그런데도 백제는 곧바로 이어진 고구려의 공세를 쉽게 격퇴했다. 여기서 그치지 않고 몇 년 후에는 신라에 대한 침공을 재개했다. 3만의 병력을 한꺼번에 잃은 나라가 이렇게 할 수 있을 것 같지는 않다.

《일본서기》는 더욱 주의해서 보아야 한다. '여창은 포위당하자 빠져나오려 하였으나 나올 수 없었는데 사졸士卒들은 놀라 어찌할 줄 몰랐다'의 내용에서 태자 여창이 포위당하여 당황하는 장면이 묘사되고 있다.

이 점이 백제군이 전멸 당했다고 한 《삼국사기》 기록과 서로 통하는 내용처럼 보인다. 그래서 적어도 백제군이 참패했다는 사실만은 인정해야 할 것처럼 생각하기 쉽다.

하지만 이 기록을 조금만 더 읽어보자. 마지막 부분인 "이 때 신라 장수들이 백제가 지쳤음을 모두 알고 드디어 멸망시켜 남겨두지 않으려 했다. 한 장수가 '안 된다. 일본 천황이 임나의 일 때문에 여러 번 우리나라를 책망하였다. 하물며 다시 백제관가百濟官家를 멸망시키기를 꾀한다면 반드시 후환을 부르게 될 것이다' 라고 하였으므로, 그만두었다"의 내용을 주목해보자.

여기에 나타난 대로 정말 신라가 백제를 멸망시키려다가 왜가 무서워 못했다고 믿을 사람이 얼마나 될지는 모르겠다. 하지만 《일본서기》가 어떤 식으로 쓰여졌는지에 대해 기본적인 내용이라도 알고 있다면, 이걸 역사적 사실로 인정하기는 곤란할 것이다.

그렇다면 오히려 이렇게 터무니없는 내용이 들어가게 된 이유를 생각해 보아야 할 것이다. 이 내용이 시사하는 바는 분명하다. 우리 덕분에 백제가 멸망당할 위기를 모면했으니 위대한 천황께 감사해야 한다는 식이다.

사실 이건 《일본서기》의 전형적인 조작 코드다. 있을 수도 없는 일을, 마치 역사적 사실인 것처럼 적어 놓고 천황의 위대한 업적을 과시하는 거짓말이 《일본서기》에는 수도 없이 되풀이되고 있는 것이다. '천황의 미움을 살까봐' 신라가 백제를 멸망시키지 못했다는 식의 기록도 이런 조작의 전형적인 형태라고 보아야 한다.

이렇게 보면 여창이 포위당해 고전하는 장면을 묘사한 부분에도 비슷한 부분이 있다는 걸 알 수 있다.

"활을 잘 쏘는 사람인 축자국조筑紫國造가 나아가 활을 당겨 신라의 말 탄 군졸 중 가장 용감하고 씩씩한 사람을 헤아려 쏘아 떨어뜨렸다. 쏜 화살이 날카로워 타고 있던 안장의 앞뒤 가로지른 나무鞍橋를 뚫었고, 입고 있던 갑옷의 옷깃을 맞혔다. 계속 화살을 날려 비 오듯 하였으나 더욱 힘 쓰고 게을리하지 않아 포위한 군대를 활로 물리쳤다. 이를 말미암아 여창과 여러 장수들이 샛길로 도망하여 돌아왔다. 여창이축자국조가 활로 포위한 군대를 물리친 것을 칭찬하고 높여 '안교군鞍橋君'이라 이름하였다"라고 한 부분을 보자.

얼마나 활을 잘 쏘았는지는 몰라도, 보통 궁수 하나 때문에 안 뚫릴 포위망이 뚫리는 일은 거의 없다. 한 사람의 궁수뿐 아니라 궁수부대가 힘을 발휘하기 위해서는 보병같이 병과나 지형 등 다른 요인의 도움을 받지 않으면 안 된다. 그런데도 액면 그대로는 성립할 수 없을 만큼 황당한 전황묘사가 들어갔다. 이유는 쉽게 짐작할 수 있다. 이 내용도 따지고 보면 태자 여창이 결국 왜에서 파견된 요원 덕분에 목숨을 건졌다는 점을 강조한 것이다.

물론 《일본서기》에 천황과 관련된 과장에 심하다고 해서 왜병이 참전해 활약했던 사실까지 덮어놓고 무시하자는 건 아니다. 하지만 역사 기록에서의 조작 코드는 비슷한 조건만 만나면 십중팔구 작동하기 마련이다.

특히 《일본서기》에서 천황의 업적을 과장할 기회를 놓칠 리가 없다. 관산성 전투에서도 마찬가지다.

백제군이 철수하는 과정에서 신라군의 추격을 받는 것까지는 당연하다. 이 과정에서 일부 신라군 부대가 이동 중 생기는 백제군 대열의 틈을 파고들어 태자 여창을 위협할 수 있다. 이 때 주변에 있던 왜병이 이 신라군 부대의 격퇴에 공을 세운다 해도 이상할 일은 아니다. 하지만 이런 내용이 들어간 목적은 분명히 의식해야 한다.

그 목적은 우리왜 덕분에 목숨을 건진 사실을 여창위덕왕이 고마워해야 한다는 점을 분명히 해두고 싶어했다는 데 있다. 그런데 왜병의 활약이 없었어도 백제군만으로 충분히 위덕왕을 보호할 수 있었던 상황이었다고 하면 별로 생색이 나지 않는다.

다시 말하자면 생색을 내기 위해서는, 백제군이 후에 왕이 되어야 할 태자를 보호하지 못할 정도로 지리멸렬했던 상황에서 왜병이 구해주었다고 기록해야 했다. 그걸 알고 보면 태자 여창이 몸만 간신히 빠져나오면서 왜병의 활약으로 간신히 목숨을 건졌다는 내용까지 액면 그대로 믿을 필요는 없다.

사실 백제군이 철수한다고 해서 신라군이 정면공격으로 백제군을 격멸시킬 수는 없었다. 마음먹고 대항한 신라군 주력을 격파하고 관산성을 함락시켰을 만큼 막강한 전력을 갖춘 백제군이다. 주요 주력 부대를 잃어버린 신라군이 만만하게 볼 상대가 아니다.

그나마 격멸을 시도하려면 백제군이 혼란을 수습하지 못하고 스스로 붕괴하기를 기대할 수밖에 없다. 하지만 그런 사태를 기대하기는 어렵다.

최고 지휘관인 여창은 물론 백제군 병사들까지 이전부터 많은 전투를 치러온 터였다. 조금 상황이 나쁘다고 해서 대단치 않은 규모의 적을 앞에 두고 스스로 전열을 무너뜨리는 자살행위를 할 만큼, 백제군이 오합지졸은 아니다.

또한 여창은 후에 위덕왕威德王이 된 인물이다. 정치적으로도 확고한 지위를 가지고 있었으며, 처음부터 백제군 주력부대를 지휘하고 있었다. 대大전략 차원에서라면 몰라도 당장 야전에 나와 있는 백제군 주력부대의 지휘계통에 혼란이 생길 일도 없다.

더구나 이러한 상황에서 백제군은 이기기 위해서가 아니라 살아 돌아가기 위해서 싸우는 입장이다. 사기가 떨어졌다고 스스로의 목숨을 위태롭게 할 일을 만들 상황이 아니다.

즉 신라군의 압력이 대단치 않은 이상 백제군은 전열을 유지하며 질서정연하게 퇴각할 수 있었다는 것이다. 가야군도 백제군의 전열이 흐트러지지 않은 상황에서 함부로 말썽을 일으킬 수는 없었다.

문제가 되는 것은 치고 빠지는 신라군의 작전이었다. 백제군으로서는 일단 철수가 급선무이므로 함부로 신라군을 쫓아다닐 수가 없다. 잘못 쫓아 나서다간 지형에 익숙한 신라군에게 무슨 봉변을 당할지도 모른다.

갑자기 나타나 산발적인 공격을 하고 달아나는 신라군에게 백제군으로서는 속수무책이었다. 이렇게 당하다 보니 총사령관인 여창까지도 몇 번인가 위협을 당했던 것 같다.

그렇지만 신라군으로서는 귀찮게 구는 것 이상을 할 수는 없었다. 신라군은 초기의 패배로 전열이 흩어진 상태였다. 관산성이 함락되는 과정에서 이찬 탐지가 이끄는 신라의 증원군이 전멸해버린 이상 신라에는 김무력 부대 이외에는 백제군에 조직적으로 맞설 만한 부대도 없었다.

신주가 아무리 전략적 요충지여서 상당한 전력이 배치되었다고는 하지만 신라군 전력의 일부에 불과하다. 더구나 전투지역이 신주가 아닌 관산성 지역이기 때문에 방어에 필요한 최소한의 병력은 신주에 남겨두고 나머지 병력만 이끌고 전투에 참여해야 한다. 반면 여창 휘하의 백제군은 백제 전국全國에서 총동원된 병력이다. 정면공격으로는 상대가 안 된다.

백제군은 비참한 상황을 겪기는 했지만 대부분의 전력은 그대로 보존한 채 철수할 수 있었다. 신라군은 자기네 영역 밖으로는 추격할 엄두도 내지 못했다.

관산성 전투의
후유증

　전투의 진행과정을 보면 알 수 있듯이, 군사적인 측면에서만 보면 관산성 전투 자체는 백제군에 그리 큰 타격을 준 것이 아니다. 따져 보면 백제군의 병력 손실이 그다지 큰 것도 아니고, 중요한 전략 거점을 잃은 것도 아니다.

　손실이라는 측면에 있어서는 오히려 신라 측의 피해가 더 컸다고 보아야 한다. 관산성에서 벌어진 전투에서 상당한 병력 손실을 입었음은 물론, 전략 거점인 관산성도 파괴되었다.

　그럼에도 불구하고 전쟁의 승자는 신라로 해야 할 것 같다. 피해가 더 큰 쪽을 승자로 쳐주는 평가가 희한한 계산법 같을지 모른다. 하지만 단순하게만 따질 수 없는 여러 요소들을 고려해야 한다.

　우선 한강 유역을 되찾으려던 백제의 시도가 좌절되었다는 점을 고려해야 할 것이다. 원래 고구려 영토였던 것을 신라에 빼앗겼으니, 별로 손해볼 것은 없지 않느냐는 계산은 성립하지 않는다.

　국가적 숙원으로 삼던 요충지를 차지하기 위해서라면 그만큼의 투자를 하기 마련이다. 성왕 대 백제가 한강 유역을 되찾기 위해 얼마나 노력했었는지에 대해서는 두말할 필요가 없다. 그런데 그 투자가 송두리째

날아가 버린 셈이다.

이것만으로도 엄청난 타격이 아닐 수 없지만, 여기서 그치는 것도 아니다. 신라 원정 실패의 후유증으로 차후 국제 정세에서의 주도권까지 잃게 되었다.

관산성 전투 이전만 하더라도 한반도 남부에서 국제 정세를 주도했던 세력은 백제라고 할 수 있다. 고구려 이외에는 별로 경쟁이 될 만한 나라가 없었다. 독자노선을 걸을 만한 세력이 있던 신라는 백제의 동맹국이었고, 이 동맹은 백제가 주도하고 있었다.

가야나 왜에 대해서는 굳이 언급할 필요조차 없다. 백제는 가야와 왜 모두의 반감을 살 정도로 '임나재건'을 외치며 양 세력을 압박하고 있었다. 백제의 유일한 경쟁자였던 고구려조차도 이런 움직임에 제동을 걸기 어려웠을 정도로 한반도에 있던 다른 나라들에 대한 영향력을 거의 상실했던 시기였다.

그런데 관산성 전투에서의 패전 이후, 그 흐름이 달라지기 시작했다. 사실상 하위의 동맹자였던 신라가 이제 경쟁자로 바뀌었다.

6세기 들면서 한반도에 대한 개입 기록이 나타나지 않을 정도로 몸을 사리던 왜에 대한 영향력이 이전 같은 수준을 유지하기 어려워졌다. 위성국처럼 부려먹던 가야 세력에 대한 영향력은 더 말할 것도 없다. 관산성 전투에서의 패전을 빌미로 가야 세력이 백제의 손아귀에서 이탈하려는 움직임을 보이고 있었다.

이 틈을 타서 고구려까지 백제를 넘보려 들었다. 상황을 예의 주시하던 고구려가 그 해 10월, 백제의 신라침공 실패를 틈타 웅천성熊川城을 공격해왔던 것이다.

물론 이 자체는 쉽게 격퇴할 수 있을 만큼 대단치 않은 것이었다. 고구려뿐 아니라, 신라·가야·왜 등의 움직임도 잠재적인 위협이었을 뿐이다. 당장 백제를 무너뜨릴 만한 위협은 없었다.

그렇기는 하지만 실패의 파장은 적지 않았다. 군사적인 타격은 별 문제가 아니었으나, 정치적인 타격은 컸던 것이다. 국제적으로 이렇게까지 몰려야 했던 원인은 백제 국내 정국의 혼란에서 찾아야 할 것 간다.

백제 국내의 정세는 심상치 않았다. 성왕은 물론, 성왕이 믿고 의지하던 측근들이 전쟁터에서 전사하는 바람에 백제 왕권의 지지기반이 눈에 띄게 약화되었다. 성왕의 뒤를 이어 즉위한 여창, 즉 위덕왕에게는 커다란 짐이 아닐 수 없었다.

거기에 신라에 대한 원정실패는 가뜩이나 지지기반이 약화된 위덕왕에게 족쇄로 작용했다. 반대하는 원정을 강행한 데 대한 문책이 어떤 형태로든 뒤따를 수밖에 없었다. 백제의 귀족들은 이 틈에 자신들의 입지를 확보하고자 위덕왕에게 마구 압력을 넣었다.

"생각 없이 먼저 행동부터 해서 후환을 불렀다"는 둥, "원로들의 말을 들었으면 이렇게까지는 되지 않았을 것"이라는 둥, "잘못은 뉘우치느냐" 는 둥 왕을 신성하게 여기던 시대에 이 정도의 말은 왕에게 모욕이나 다름없다.

물론 백제귀족들이 《일본서기》에 나와 있는 말 그대로를 내뱉지는 않았을 것이다. 하지만 의미는 비슷했을 것이다. 비록 말이 완곡했더라도, 이런 수위의 발언이 마구 쏟아져 나왔다는 건 위덕왕이 대단한 정치적 위기에 몰렸다는 걸 보여준다.

위덕왕이라고 그대로 주저앉지는 않았다. 귀족들의 압력을 역이용하여 정면돌파를 시도했다. 속세를 떠나 출가하겠다는 의사를 비쳐 여론을 떠본 것이다. 이렇게까지 나오는 데야 백제 귀족들도 물러서지 않을 수 없었다.

왕권을 위축시켜 귀족들의 입지를 확보하는 것도 좋지만, 그건 백제가 무사히 유지된다는 전제에서나 쓸모가 있다. 원정 실패 후 국제적으로 백제의 위신이 땅에 떨어진 상태였다. 이 상황에서 권력의 구심점마저 사라진다면 백제가 안으로 정국혼란을 초래하고 밖으로 위협을 당할 것은 불을 보듯이 훤했다. 귀족들도 이런 정도의 혼란을 바랄 수는 없었다.

뼈 있는 말로 비난을 쏟아내기는 했지만 귀족들은 일단 위덕왕의 출가를 막았다. 만류를 무릅쓰고 신라원정을 감행한 책임은 귀족들이 지명하는 사람들을 대신 출가시키는 것으로 타협이 이루어졌다.

백제창왕명석조사리감. 화강암으로 만들어진 이 사리감은 부여 능산리 절터의 탑 심초석 윗면에서 출토되었다. 앞면에는 사리를 모시는 감실이 있고 양쪽으로 다음과 같은 내용의 글자가 새겨져 있다. 이 내용에 따르면 사리감은 성왕의 아들로 왕위에 오른 창왕(위덕왕)에 의해 567년에 만들어졌으며, 성왕의 딸이자 창왕의 여자 형제인 공주가 사리를 공양한 것이다. 이로 미루어 능산리 절은 창왕과 공주 등 왕실이 성왕을 추모하기 위해 지은 것으로 추정되고 있다. 이 사리감으로 창왕대 왕실과 불교의 관계를 엿볼 수 있다.

이런 홍역을 치르고 난 후, 백제는 여러 가지로 후유증을 앓으며 국가
적인 전략도 변경하지 않을 수 없었다. 백제의 왕권이 약화되었기 때문
에, 대외정책을 펴는 데 있어서도 강력한 추진력을 얻기가 곤란해졌다.
이후의 백제가 임나 지역 등에 크게 영향력을 행사하지 못하게 된 것도
이러한 후유증의 결과라고 할 수 있다.

백제의 전략목표도 달라졌다. 관산성 전투 이전까지만 해도 백제의 최
대 적은 고구려였다. 당연히 전략 자체도 고구려와의 공방전에 비중을
두어왔다. 관산성 전투를 벌이기 직전만 하더라도, 고구려부터 먼저 공
격해 예봉을 꺾어 놓고 나서야 신라 침공을 개시했을 정도였다.

이런 구도가 관산성 전투 이후 완전히 달라진다. 백제가 신라와 공방
전을 벌이는 비중이 월등히 높아지는 것이다. 관산성 전투 이전에 신라
를 직접 공격하는 일이 거의 없었던 점을 감안하면 획기적인 변화라 할
수 있다.

이렇게 해서 백제의 전성기와 중흥기를 이끌었던 두 왕에 대해서 살펴보았다. 두 왕은 백제를 이끌었던 지도자다운 전략가적 면모가 본격적으로 드러나는 인물들이라고 하겠다.

하지만 근초고왕의 경우 최근 방영되고 있는 드라마에서 전략가로서의 면모를 지워버리고, 감정에 치우쳐 행동하는 캐릭터로 만들어버렸다. 덕분에 많은 사람들이 근초고왕을 '마음 약한 아줌마' 같은 인물로 이해하게 생겼다. 드라마라는 게 원래 주부를 대상으로 만드는 것이라 어쩔 수 없는 측면이 있기는 하지만, 워낙 많은 사람들이 보게 되니 그 영향은 적지 않다.

성왕 역시 이름은 어디선가 들어봤으면서도 막상 어떤 업적을 남겼던 왕인지에 대해서는 잘 모르는 경우가 대부분이다. 좀 안다고 해봐야 백제의 중흥기를 이끌었던 왕 정도로만 알고 있다.

'임나재건'을 앞세워 근초고왕 대 이루어 놓았던 동아시아 남부의 맹주 자리를 찾아 나아갔던 성왕의 업적을 기억하는 사람은 거의 없다. 사실 기억은 고사하고 대부분의 전문가들은 이 업적을 인정조차 하지 않으려 한다.

따라서 어디에서인가 고쳐놓기는 해야 할 것 같다. 하다못해 몇 안 되는 사람들에게만이라도 고구려에 맞서며, 동아시아 남부를 세력권에 넣고 좌지우지했던 전략가 근초고왕과 성왕의 면모를 알렸으면 한다.

백제의 최전성기와 중흥기를 이끌었다는 왕들에 대한 기억과 인식이 이런 정도다. 망해버린 이후 한반도를 지배했던 나라 중, 백제 역사를 짓밟지 않은 나라는 조선 정도라고나 할까?

따지고 보면 백제를 멸망시킨 장본인 신라는 말할 것도 없고, 《삼국사기》를 편찬했던 고려, 황국사관을 위해 역사를 조작해야 했던 일본, 적어도 고대사에 있어서만은 그 역사관을 그대로 이어받은 대한민국까지 백제왕의 업적을 제대로 평가해보려는 노력은 별로 없었다고 해도 지나친 말은 아니다. 이런 사실이 이 책에서 백제의 두 왕들을 주로 살펴보게 된 이유가 될 것이다.

참
고
문
헌

Ⅰ. 원사료

《三國史記》

《日本書紀》

《三國遺事》

《新撰姓氏錄》

양적으로 많지는 않지만 중국에서 한국이나 일본의 고대사를 수록해놓은 사료도 있다. 이것들을 모아 놓은 책이 《中國正史朝鮮傳》, 《中國正史倭人傳》이다.

이런 사서史書 이외에도 광개토왕비, 중원고구려비같이 비석에 쓰여진 글들도 있다. 이런 것들은 금석문金石文이라 한다. 참고가 될 만한 금석문을 모아놓은 책이 《朝鮮金石總覽》, 《韓國金石全文》 등이다.

Ⅱ. 연구서와 논문

今西龍, 〈加羅疆域考〉, 《史林》 4-3 · 4, 1919.

金基雄, 〈伽倻의 歷史的 推移〉, 《伽倻文化》 2, 1989.

金恩淑, 〈《新撰姓氏錄》의 加耶系 氏族〉, 《韓國古代史論叢》 2, 1991.

金廷鶴, 〈加耶의 國家形成段階〉, 《精神文化研究》 32, 1987.

金泰植, 《加耶聯盟史》, 一潮閣, 1993.

金泰植, 〈廣開土王陵碑文의 任那加羅와 ‘安羅人戌兵’〉, 《韓國古代史論叢》 6,
        1994

那珂通世, 〈朝鮮古史考加羅考〉, 《史學雜誌》 7-3, 1896.

大塚初重, 〈考古學에서 본 伽倻와 倭〉, 《伽倻文化》 5, 1992.

文暻鉉, 〈伽耶史의 新考察〉, 《大丘史學》, 1975.

白承玉, 〈卓淳의 位置와 性格 ─《日本書紀》 관계기사 검토를 중심으로 ─ 〉, 《釜
        大史學》 19, 1995.

延敏洙, 〈6世紀 加羅諸國을 둘러싼 百濟, 新羅의 動向〉, 《新羅文化》 7, 1990.

李基東, 〈伽倻史 研究의 諸問題〉, 《伽倻文化》 4, 1991.

李文基, 〈大伽耶의 對外關係〉, 《加耶史研究》, 경상북도, 1995.

李永植, 〈6세기 중엽의 加耶와 倭〉, 《加耶史論》, 1993.

李永植, 〈加耶諸國と任那日本府〉, 吉川弘文館, 1993.

李永植, 〈加耶諸國의 國家形成問題 ─ ‘加耶聯盟說’ 의 再檢討와 戰爭記事分析을
        중심으로─〉, 《白山學報》 32, 1985.

李鎔賢, 〈6世紀 前半頃 伽耶의 滅亡過程〉, 고려대학교 대학원 석사학위 논문,
        1988.

李賢惠, 〈4세기 加耶社會의 交易體系의 변천〉, 《韓國古代史研究》 1, 지식산업
        사, 1988.

李熙眞, 〈4세기 중엽 百濟의 ‘加耶征伐’〉, 《韓國史研究》 86, 1994.

李熙眞, 〈加耶의 消滅過程을 통해 본 加耶-百濟-新羅關係〉, 《歷史學報》 141, 1994.

李熙眞, 〈廣開土王碑文에 나타난 任那加羅征伐 배경과 영향〉, 《韓國古代史研究》 10, 1995.

李熙眞, 〈百濟勢力의 加耶進出과 加耶의 對應〉, 《軍史》, 33, 國防軍史研究所, 1996.

李熙眞, 《加耶政治史研究》, 학연문화사, 1998.

全玉年, 〈伽倻의 金銅製品에 관하여〉, 《伽倻考古學論叢》, 伽倻文化研究所, 1992.

趙仁成, 〈6世紀 阿羅加耶의 支配勢力과 政治形態〉, 《加羅文化》 13, 1996.

朱甫暾, 〈加耶滅亡問題에 대한 一考察-新羅의 膨脹과 關聯하여-〉, 《慶北史學》 4, 1982.

千寬宇, 《加耶史研究》, 一潮閣, 1991.

金廷鶴, 《任那と日本》, 小學館, 1977.

金鉉球, 〈4세기 가야와 백제·야마토 왜의 관계〉, 《韓國古代史論叢》 6, 1994.

金鉉球, 〈《神功紀》 加羅七國平定記事에 관한 一考察〉, 《史叢》 39, 1991.

金鉉球, 〈임나일본부의 실체〉, 《韓國古代史論》, 한길사, 1988.

金鉉球, 《大和政權の對外關係研究》, 吉川弘文館, 1985.

金鉉球, 《任那日本府研究》, 一潮閣, 1993.

鈴木英夫, 〈加耶·百濟と倭 − '任那日本府論'〉, 《朝鮮史研究會論文集》24, (朝鮮史研究會, 1987)

末松保和, 《任那興亡史》, 吉川弘文館, 1956.

白承忠, 〈任那復興會議의 전개와 그 성격〉, 《釜大史學》 17, 1993.

延敏洙, 〈任那日本府論〉, 《東國史學》 24, 1990.

李根雨, 〈百濟本記와 任那問題〉, 《加羅文化》 8, 1990.

李熙眞, 〈임나의 개념〉, 《日本歷史研究》 7, 1998.

田中俊明, 《大加耶連盟の興亡と任那》, 吉川弘文館, 1992.

井上秀雄, 《任那日本府と倭》, 東出版寧樂社, 1978.

池內宏, 《日本上代史の一研究 －日鮮の交渉と日本書紀－》, 近藤書店, 1947.

津田左右吉, 《日本古典の研究》 上·下, 岩波書店, 1973.

高寬敏, 〈永樂十年, 高句麗廣開土王の新羅救援戰について〉, 《朝鮮史研究會論文集》 27, 1990.

管政友, 〈高句麗好太王碑銘考〉, 《史學會雜誌》 제22-1, 1891.

旗田巍, 《〈三國史記〉新羅本紀にあらわれた '倭'〉, 《日本文化と朝鮮》 2, (朝鮮文化社編, 1975)

旗田巍, 〈광개토왕비문의 해석〉 《한국연구》 3, 하와이대학교 한국연구소, (Takashi Hatada, An Interpretation of the King Kwanggaet' s Inscription, Korean Studies 3) 1979.

김기섭 역, 《고대한일관계사의 이해－倭》, 이론과 실천, 1994.

那珂通世, 〈高句麗古碑考〉, 《史學雜誌》 49-4, 1893.

那珂通世, 〈日本上古代考〉, 《外交繹史》, 1958.

盧重國, 《百濟政治史研究》, 一潮閣, 1988.

盧泰敦, 〈高句麗의 漢水流域 喪失의 原因에 대하여〉, 《韓國史研究》 13, 1976.

木下禮仁, 〈五世紀以前の倭關係記事 －《三國史記》を中心として〉, 《倭人傳を讀む》, 中公新書, 1982.

武田幸男, 《高句麗史と東亞細亞》, 岩波書店, 1989,

박시형, 《광개토왕릉비》, 사회과학연구원, 1966.

浜田耕策, 〈廣開土王陵碑文の研究〉《古代朝鮮と日本》, 1974.

山尾幸久, 《古代の日朝關係》, 塙書房, 1989.

山尾幸久, 《日本古代王權形成史論》, 岩波書店, 1983.

三宅米吉, 〈高句麗古碑考追加〉, 《考古學會雜誌》 2-5, 1898.

三品彰英, 《日本書紀朝鮮關係記事考證》, 吉川弘文館, 1962.

야마다 히데오, 《日本書紀入門》, 이근우 옮김, 民族文化社, 1988.

梁起錫, 〈三國時代 人質의 性格에 對하여〉, 史學志, 1983.

延敏洙, 〈廣開土王碑文에 보이는 對外關係 −高句麗의 南方經營과 그 波紋−〉,
　　　《韓國古代史研究》 10輯, 1995.

왕건군, 《廣開土王王碑研究》, 임동석 역, 역민사, 1985.

李丙燾, 《韓國古代史研究》, 博英社, 1976.

李貞子, 〈4−5世紀 新羅−倭關係 研究〉, 韓國學大學院 碩士學位論文, 1990.

李鍾旭, 〈廣開土王陵碑 및 《三國史記》에 보이는 ‘倭兵’의 正體〉, 《韓國史市民講
　　　座》 11, 1992.

李鍾旭, 〈廣開土王陵碑의 辛卯年條에 대한 解釋〉, 《韓國上古史學報》 10, 1992.

李鍾旭, 〈百濟 初期史 研究史料의 성격〉, 《百濟研究》 17, 1986.

李鍾旭, 《新羅國家形成史研究》, 一潮閣, 1982.

李進熙, 《廣開土王陵碑의 探究》, 李基東 역, 一潮閣, 1982.

李憲載, 〈伽耶諸國의 國家形成에 關한 研究〉, 漢陽大學校大學院 碩士學位論文,

1990.

李賢惠, 《三韓社會形成過程의 研究》, 一潮閣, 1983.

李亨求·朴魯姬, 《廣開土大王陵碑新研究》, 同和出版公社, 1986.

李熙眞, 〈《三國史記》의 新羅偏向的 性向과 記事敍述〉, 《韓國古代史研究》 12,
   1997.

鮎貝房之進, 〈日本書紀朝鮮地名考〉, 《日本書紀朝鮮地名考》, 國書刊行會, 1937.

鮎貝房之進, 〈日本書紀朝鮮地名考〉, 《雜攷》, 제7집 상권, 1937.

鄭杜熙, 〈廣開土王陵碑文 辛卯年 記事의 再檢討〉, 《歷史學報》 82, 1979.

井上光貞, 《日本の歷史(1)-神話から歷史へ-》, 中央公論社, 1973.

井上秀雄, 〈三國遺事와 日本關係〉, 《三國遺事의 綜合的 檢討》, 한국정신문화연
   구원, 1987.

鄭寅普, 〈薝園文錄〉 上, 《薝園鄭寅普全集》 5, 1985.